本书系国家社会科学基金重大项目"人类命运共同体思想的历史学研究"（项目批准号：18ZDA170）的阶段性成果

⊙ 中国社会科学院老学者文库 ⊙

拉美发展模式的多维视角

PERSPECTIVES OF
LATIN AMERICAN DEVELOPMENT

[美]罗纳德·H.奇尔科特
(Ronald H. Chilcote)◎编

江时学◎译

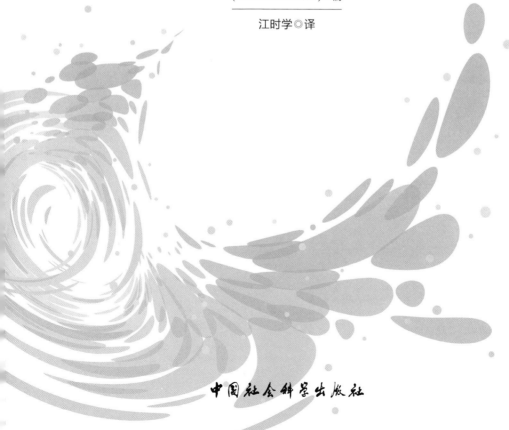

中国社会科学出版社

图书在版编目（CIP）数据

拉美发展模式的多维视角／（美）罗纳德·H. 奇尔科特编；江时学译 . —北京：中国社会科学出版社，2023.5

（中国社会科学院老学者文库）

ISBN 978 – 7 – 5227 – 1932 – 0

Ⅰ.①拉…　Ⅱ.①罗…②江…　Ⅲ.①经济发展模式—研究—拉丁美洲　Ⅳ.①F173.04

中国国家版本馆 CIP 数据核字（2023）第 088205 号

出　版　人	赵剑英
责任编辑	张　林
特约编辑	隋　丹
责任校对	周　昊
责任印制	戴　宽

出　　　版	中国社会科学出版社
社　　　址	北京鼓楼西大街甲 158 号
邮　　　编	100720
网　　　址	http://www.csspw.cn
发 行 部	010 – 84083685
门 市 部	010 – 84029450
经　　　销	新华书店及其他书店

印　　　刷	北京明恒达印务有限公司
装　　　订	廊坊市广阳区广增装订厂
版　　　次	2023 年 5 月第 1 版
印　　　次	2023 年 5 月第 1 次印刷

开　　　本	710 × 1000　1/16
印　　　张	13.75
插　　　页	2
字　　　数	183 千字
定　　　价	76.00 元

目　　录

中文版序

我很高兴地向中国学者推荐此书。众所周知，在过去的二三十年，许多拉美国家的发展模式经历了令人瞩目的变化。这一变化（或转型）产生了什么影响？遇到了什么问题和挑战？今后应该如何解决这些问题？我知道，中国学者对这些问题同样很感兴趣，并已经对它们进行了深入的研究。

本书的各篇从不同的角度深入地论述了与拉美国家的发展模式转型有关的问题，涉及政治、经济、社会和文化等领域。我希望本书的观点有助于中国学者继续对拉美国家的发展模式进行更加深入的研究。

最近 10 多年，随着中国与拉美关系的不断发展，中国学者研究拉美研究的热情不断高涨。为了进一步加深对拉美的研究，中国学者需要与国际学术界开展更加紧密的合作，还要更好地了解国外的拉美研究是如何发展的。

请允许我在本书的序言中向中国学者介绍一下美国的拉美研究经历了什么样的发展进程。我将着重谈一谈冷战对美国的拉美研究的影响，顺便还要介绍一下《拉丁美洲透视》杂志是如何诞生的。

冷战对美国的拉美研究的进展至关重要，并深刻影响着我的学术和职业生涯。特别值得一提的是，加州大学、斯坦福大学和其他一些大学的学者（包括那些朝气蓬勃的研究生），开辟了一个用进步思想（包括马克思主义）研究拉美的领域，从而填补了这一期间拉美研究的一个空白。在回溯 20 世纪美国的拉美研究的演变过程时，我借鉴了许多已发表的学术成果、面对面的采访、档案资料和回忆录，并对解密的档案材料进行了系统的挖掘。

我的关注点是拉美研究的多维转型，这种转型是在拉美和世界范围内激进和革命性的社会斗争的兴起后出现的。许多美国的新生代学者不接受大学—政府—基金会三方构成的三角关系，因为这种关系往往侧重于研究冷战时期的美国外交政策。此外，这种关系要求学术界受政府的支配。他们不仅对拉美研究的理论和政治基础提出了质疑，而且还在其分析方法中强调实地考察的重要性，愿意与为社会变革而奋斗的拉美人建立密切关系。这些学者广泛接触了拉美的进步思潮，希望用拉美的思潮替代美国的主流思潮。在这一过程中，他们还面临着被拉拢、被劝阻甚至被阻止的各种行为。作为研究生和年轻教师，他们将他们思考的问题带到课程中，尽管这样做不利于他们未来的职业生涯。

一、拉美研究的发端

美国的拉美研究是从外交史和国际关系演变而来的，主要从"北半球人的视野"研究拉美。其萌芽可以追溯到以 1823 年美国发表的门罗主义宣言、1846—1848 年的美墨战争、1898 年的美西战争以及"天定命运"，此外还包括美国对波多黎各的吞并、对古巴关塔那摩的控制以及巴拿马运河的挖掘，等等。尽管富兰克林·罗斯福在 20 世纪 30 年代对美洲国家采取了"睦邻政策"，约翰·肯尼迪在 20 世纪 60 年代宣布了"争取进步联盟"，但是，归根结底，美国对拉美日益增长的影响力不仅受制于投资和经济利益，而且还受制于美国对该地区采取的军事干预。1962 年，美国国务卿迪安·

腊斯克在为 1961 年美国政府策划的"猪湾事件"寻找正当理由时说，在 1798—1945 年期间，美国对拉美发动了 171 起军事干预。①

政治学家马克·伯格（Mark Berger）认为，北美洲的一些历史学家、社会科学家和美国的对外政策制定者喜欢将美国描述为民主、善良、发达的国家，把拉美看作是一个滋生腐败、缺乏民主的欠发达地区，因此，他们认为，美国在该地区推行霸权的各种努力是合情合理的。这种观点影响了学者对泛美洲主义的研究，认为南方的问题只有通过资本主义现代化才能得到根本解决。20 世纪初，学术界越来越关注美国在拉美的经济和政治影响力，由北美洲历史学家创办的《西班牙美洲历史评论》（*Hispanic American Historical Review*）在 1918 年诞生了，约三分之一的篇幅用于研究外交史。学术界第一次将关注点聚焦在拉美的努力，是在 20 世纪 20 年代末创立拉美历史学会（Conference on Latin American History）。② 此后，卡耐基国际和平基金会（1910 年）、洛克菲勒基金会（1913 年）、斯坦福大学胡佛战争、革命与和平研究所（1919 年）以及福特基金会（1936 年）等慈善组织，也都为这方面的学术研究作出了一定的贡献。自那时起，学术界、美国国务院和私人基金会之间形成了一种紧密的三角联系。作为美国政治与社会科学院院长（1902—1930 年）和美洲国家组织的前身泛美联盟主席（1920—1946 年），宾夕法尼亚大学的政治学家利奥·罗（Leo S. Rowe）坚定支持美国对拉美的政策。

著名历史学家威廉·H. 普雷斯科特（William H. Prescott）在其专著 1843 年出版的《墨西哥征服史》和 1847 年出版的《秘鲁征

---

① Dean Rusk, "Instances of the use of United States armed forces abroad, 1798 – 1945." Testimony to the U. S. Senate, Committees on Foreign Relations and the Armed Services, Hearing, "Situation in Cuba," Eighty-seventh Congress, Second Session, September 17, 1962.

② 拉美历史学会是一个学术团体，隶属于美国历史学会。——译者注

服史》中均对西班牙帝国主义进行了美化，从而使美国在拉美的行为看起来似乎更容易被人接受。一些历史学家也经常和美国政府的政策制定者保持某种联系。宾夕法尼亚大学的阿瑟·P. 惠特克（Arthur P. Whitaker）着重研究美国在拉美的扩张史，他甚至在美国国务院拉美事务处担任过要职，并且还是肯尼迪政府的拉美特别工作组的成员。该特别工作组中的拉美研究学者还包括罗伯特·J. 亚历山大（Robert J. Alexander）和布莱斯·伍德（Bryce Wood）。亚历山大一直与包括美国中央情报局在内的政府机构保持着密切联系，并对拉美的劳工运动和左翼思潮表现出浓厚的兴趣，完成了几部关于共产主义和其他进步运动方面的书籍。卡尔顿·比尔斯（Carleton Beals）是一名记者，曾在墨西哥逗留过一段时间，撰写了一些有关该地区与帝国主义斗争方面的批判性的学术文章。弗兰克·坦南鲍姆（Frank Tannenbaum）侧重对美国在拉美的经济扩张进行研究。斯科特·尼尔（Scott Nearing）曾是一名经济学家，后来被聘为大学教授，但因其极端的激进主义主张而被宾夕法尼亚大学解雇，他也曾撰写了几本关于帝国主义扩张史方面的专著。

在拉美研究方向上，其他先驱性的研究人员应该包括加州大学伯克利分校的历史学教授赫伯特·尤金·博尔顿（Herbert Eugene Bolton）。他强调的是一个超越美国之外的更大的美洲以及超越盎格鲁—撒克逊主义之外的泛美主义，并与其学生一起研究殖民地时期和独立时代的拉美。他一直被认为是拉美研究方面的重要奠基人。他为本科生开设了一门关于美洲历史的课程，并担任了数百名研究生的学位论文导师。他和他的学生得到了纳尔逊·洛克菲勒泛美事务协调处（Nelson Rockefeller's Coordinator of Inter-American Affairs）的赏识。该协调处成立于 1940 年，为拉美专家提供学术支持，还与美国国务院的文化关系联合委员会（Joint Committee on Cultural Relations）开展合作，以确保拉美在第二次世界大战中支持美国。

20 世纪 30 年代，美国学术研究理事会（American Council of Learned Studies）成立了一个与拉美研究有关的委员会。1940 年，拉美研究联合委员会（Joint Committee on Latin American Studies）成立，人类学家罗伯特·雷德菲尔德（Robert Redfield）任主席。在耶鲁大学任教的颇有影响力的美国外交历史学家塞缪尔·弗拉格·贝米斯（Samuel Flagg Bemis）认为，美国帝国主义在西半球的命运注定是短暂而不可持久的。

伯格认为，第二次世界大战结束后，随着 1945 年冷战的爆发，拉丁美洲研究开始变得更加引人注目，因为当时共产主义的传播和美国对安全的担忧影响到美国的对外政策。[1] 他指出，决策者和一些学院派经济学家热衷于将他们的所谓现代化发展理念带到拉美的"落后"地区。这种趋势的一个突出表现就是"靴带行动"（Operation Bootstrap），该项目的宗旨就是要发展美国与波多黎各的殖民关系。这可能有助于美国获取商业和金融利益，但肯定不会给这个岛带来全面的繁荣。1947 年，在杜鲁门总统执政期间，美国颁布了《国家安全法》，随后与拉美国家签署了十几项共同防御协议，目的是帮助美国在战争期间扩大军事基地。1947 年 9 月，美国与 18 个拉美国家共同签订了《美洲国家间互助条约》，即"里约热内卢条约"，并向这些国家派驻了军事特使。在此期间，美国学者成立了数个区域性研究协会，其中包括 1955 年成立的太平洋海岸拉美研究理事会（Pacific Coast Council on Latin American Studies）、洛基山拉美研究理事会（Rocky Mountain Council on Latin American Studies）和东南部地区拉美研究理事会（Southeastern Council on Latin American Studies）等。这些团体的成立反映了学术界的愿望，也反映了

---

[1] Mark T. Berger, *Under Northern Eyes: Latin American Studies and US Hegemony in the Americas 1898 – 1990.* Bloomington: Indiana University. 1995.

民间学术团体成员希望在年度会议上汇集和交流拉美研究心得的愿望。这些学术研究会一直保持着良好的发展势头，直到拉美研究协会（Latin American Studies Association）正式宣告成立。

二、冷战对拉美研究的影响

冷战与美国抵御苏联共产主义的决心有关。在第二次世界大战期间，一些保守的和进步的学者都在不同程度上参与了情报工作，其活动最初由战略服务办公室（Office of Strategic Services）、后来由中央情报局安排。尽管美国与一些拉美国家建立了双边的安全和军事协定，但对拉美的关注度并不高。1954 年，美国介入危地马拉危机，冷战战场扩大到了拉美。1959 年古巴革命后，反共产主义成为美国在该地区政策的基础。为了挫败拉美日益高涨的民族主义、左翼思潮和革命运动，美国支持并参与了针对整个拉美的军事干预活动，对拉美革命的潜力展开了一系列秘密研究。

（一）大学—政府—基金会的关系

与此同时，冷战促进了相关学术机构的快速发展。20 世纪 50 年代初，美国的高等教育机构设立了 29 个区域研究项目，到 60 年代末，语言研究或区域研究的项目已经超过 100 个。古巴革命为拉美左翼带来的兴奋以及为"争取进步联盟"（旨在通过支持亲美势力来防止"另一个"古巴的出现）带来的希望和争议，使公共基金和私人基金竞相为拉美研究提供大量资金（福特基金会提供的数额最大）。50 年代，拉美研究领域的博士研究生在区域研究领域博士研究生总数中的比重从 30% 下降到 18%。60 年代后开始快速上升。1959 年 1 月，《泛美研究杂志》（Journal of Inter-American Studies）在佛罗里达大学（盖恩斯维尔）创刊。尽管得克萨斯大学一直认为，它是最早成立拉美研究中心的大学，但 1930 年 6 月 2 日成立的佛罗里达大学泛美事务研究所（Institute for Inter-American Affairs）似乎更早。斯坦福大学的《西班牙美洲报道》（*Hispanic A-merican Report*）在 1948 年创刊，《拉美研究评论》（*Latin American Research Review*）在 1965 年创刊。在福特基金会的大力支持下，美国国会图书馆西班牙美洲基金会（Hispanic Foundation）的霍华德·克莱恩（Howard Cline）、卡尔曼·西尔维特（Kalman Silvert）等知名学者（许多人与美国政府机构有着各种各样的联系）共同努力，成立了美国拉美协会。

显然，古巴革命后，拉美地区对美国政府的决策者而言具有越来越重要的地位。这主要体现在美国政府决策者对拉美学术研究项目和拉美研究协会的一些具体的支持上。例如，1958 年美国制定了《国防教育法》，其中第六条明确要求政府为开展区域研究和语言项目的研究提供基本的物质支持。1969 年，政府为包括斯坦福大学在内的 59 个机构的 109 个研究中心提供了直接的财政资助，也为受《国防教育法》资助的研究中心承担的有关研究课题和研究生培养提供资助。

此外，《富布赖特—海斯法案》（Fulbright-Hays Act）设立的奖学金制度主要用于资助在国外从事研究和教育工作、研究和培训。拉美研究协会最初是通过国会图书馆这个途径与美国政府建立联系的。但是，后来由于该协会的一些成员开始质疑美国对古巴和尼加拉瓜采取的政策，对那里存在的严重问题展开调查，并发表了研究报告，因此，国会的支持力度就开始有所减弱了。美国的慈善基金会也参与了冷战，为拉美和其他地区的社会科学现代化和美国化提供了不少资金上的支持。值得一提的是两位著名的美国学者，其思想在拉美的主流学术界具有一定的影响力：第一位是沃尔特·罗斯托（Walt W. Rostow），他在 1960 年出版的著作《经济增长的阶段：非共产党宣言》，主张通过资本主义来实现拉美的经济的发展，他后来成为肯尼迪的亲密顾问；第二位是塞缪尔·P. 亨廷顿（Samuel P. Huntington），他是卡耐基国际和平基金会在 1970 年创办的《外交政策》杂志的主要创始人，他还曾经在卡特政府任内担任国家安全委员会的协调员，后来担任了哈佛大学国际事务中心的主任。

1954 年 6 月 18 日，在美国国务卿约翰·福斯特·杜勒斯和中央情报局局长艾伦·杜勒斯的操纵下，中央情报局在危地马拉发动了一场秘密政变，推翻了民选总统哈科沃·阿本斯。阿本斯总统的前任胡安·何塞·阿雷瓦洛（Juan José Arévalo）于 1944 年在一场人民革命中推翻了美国支持的独裁者豪尔赫·乌比科（Jorge Ubico）后上台执政，并实施了包括确立最低工资和提供教育资金在内的一系列社会改革。阿本斯实施了土地改革。美国中央情报局为卡洛斯·卡斯蒂略·阿马斯（Carlos Castillo Armas）领导的一支 480 人的军队提供资助和武器。这支部队以反共的名义夺取了政权，取缔了政党，并推翻了前几届政府实施的社会改革。杜勒斯兄弟在联合果品公司（United Fruit Company）拥有既得利益，该公司在土地改革中受到不利的影响，因而支持政变和美国扶持的独裁政府。在随后的内战中，左翼游击队与军方分庭抗礼，后者致力于侵犯公民权利，并对玛雅人进行了惨无人道的种族灭绝。

早期的学术研究表明，人们对这场政变的理解明显受到冷战观点的影响。在宾夕法尼亚大学阿瑟·P. 惠特克（Arthur P. Whitaker）教授的指导下，罗纳德·M. 施耐德（Ronald M. Schneider）在中央情报局的鼓励下，根据从危地马拉共产党办公室查获的 5 万份文件，为这场政变进行辩护，称政变是遏制共产主义的一种威慑。但此前得克萨斯大学人类学家理查德·亚当斯（Richard Adams）以笔名斯托克斯·纽博尔德（Stokes Newbold）撰写的一份报告，涉及包括250次采访在内的实地调查，驳斥了华盛顿关于危地马拉存在共产主义阴谋的观点。这一结论后来得到了斯蒂芬·施莱辛格（Stephen Schlesinger）和斯蒂芬·金泽（Stephen Kinzer）的支持，他们对1954年危地马拉发动的政变和美国在其中所扮演的角色进行了批判性的回顾。金泽还详细地揭露了杜勒斯兄弟与联合果品公司的关系，总结了美国干预对危地马拉造成的巨大破坏。他认为，为了巩固长期遭受苦难的危地马拉人民已经赢得的伟大胜利，击破多年来一直笼罩在他们心中的黑暗，他们应该作出努力，外部世界要给予他们帮助。诺贝尔和平奖获得者里戈韦托·门楚（Rigoberta Menchú）描写了得到美国支持的针对危地马拉土著人的暴力行为。她的描述成了拉美研究广泛使用的文本资料。

（二）军事干预与"曼恩主义"

面对古巴革命的成功和拉美其他地方风起云涌的革命运动，美国对共产主义的抵触心态进一步加强了美国与拉美军政府建立长期联盟关系的必要性。美国反共战略的支柱是与西半球国家的军队结成紧密联盟，以镇压左翼势力，扭转在选举中的不利形势。1962年，阿根廷和秘鲁相继发生了政变；1963年，危地马拉也发生了军事政变。林登·约翰逊总统和负责美洲事务的助理国务卿托马斯·曼恩（Thomas Mann）开始实施"曼恩主义"（Mann Doctrine）。曼恩是在1954年危地马拉政变爆发两周后担任美国驻危地马拉大使馆副馆长的。"曼恩主义"认为，只有在没有受到共产主义或革命的威胁时，军人的职业性和立宪政府才能得到尊重。这种将反共置于民主之上的做法，促使美国支持拉美的一系列军事政变（包括1964年巴西和玻利维亚发生的军事政变）。1964年，美国中央情报局从事了一项秘密行动，旨在挫败智利社会主义者萨尔瓦多·阿连德的当选。1965年，由于多米尼加的军队四分五裂，无法充当美国的代理人，因此，美国就对这个国家进行了军事干预。

主流社会科学为美国的这一政策提供了学术合法性。斯坦福大学历史学家约翰·J. 约翰逊（John J. Johnson）研究了殖民地时期以来军队在拉美扮演的角色。他得到了社会科学研究理事会（Social Sciences Research Council）的支持，并从兰德公司那里得到了来自五角大楼的资助。他详细地展示了拉美军人经常性地使用暴力和干预的历史，并乐观地得出这一结论：拉美军人的职业性是完全可以得到保障的。他认为，职业化的拉美军队会遵守宪法，帮助改善民主生活。他的这一观点可能对美国在 20 世纪 60 年代支持拉美地区的军事干预政策产生了影响，但这种观点很快就因美国支持拉美国家发生的一系列政变而被否定。回顾那段历史，值得注意的是，五角大楼曾派遣六名军官到斯坦福大学接受培训，使其成为懂得拉美的军人。他们为该地区镇压左翼发动的叛乱出谋划策。这些拥有硕士学位的军官参与了美国在拉美的干预。例如，洛伦·帕特森（Loren Patterson）少校曾协助美国大使林肯·戈登（Lincoln Gordon）策划了 1964 年年初发生的巴西军事政变。1961 年，多米尼加独裁者拉斐尔·特鲁希略遇刺身亡，随后爆发的内战导致华金·巴拉格尔（Joaquin Balaguer）实施专制统治。托德·马利特（Todd Mallet）上尉率领美国海军陆战队的一个旅率先前往多米尼加。詹姆斯·谢弗（James Shaffer）少校率领美国直升机打击了在哥伦比亚山区揭竿而起的共产主义人士。詹姆斯·沙哈（James Shaha）上尉在布宜诺斯艾利斯为阿根廷军队的蓝派和红派进行斡旋。

在约翰逊政府时期成立的拉美研究项目中，斯坦福大学一直充当军事和外交人员的训练基地。例如，在 1968 至 1969 年期间，接受培训的包括詹姆斯·沃尔多·里德（James Waldo Reid）上校，他是一位准备前往阿根廷工作的军事情报官员。当时在阿根廷掌权的是军事独裁者胡安·卡洛斯·昂加尼亚（Juan Carlos Ongania），里德强烈支持他的独裁统治。另一位是美国国务院的职业官员柯特·卡特（Curt Cutter），他可能也参与了其中的情报工作。他于1970年去巴西，当时，那里正在爆发城市革命战争。他在巴西避免了一次绑架。

（三）"卡米洛特一号项目"及"边缘化计划"

美国的反共努力也包括试图利用社会科学来预测和阻止左翼势力的发展。"卡米洛特一号项目"（Project Camelot 1）是美国陆军于1964年实施的一项关于反叛乱的研究计划。这个计划的工作是通过美利坚大学的特种作战研究办公室开展的，1965年7月8日正式终止。该计划包括一个由行为社会科学家组成的团队，他们在不同的拉美国家（如阿根廷、玻利维亚、巴西、哥伦比亚、古巴、多米尼加、墨西哥、秘鲁和委内瑞拉）开展工作，调查这些国家的人民对左翼的态度。智利人类学家乌戈·努蒂尼（Hugo Nutini）找了几个他的同事，希望共同从事这一项目。但他们从一开始就对此持怀疑态度。应邀参与这一项目的约翰·加尔东（Johan Galtung）在1965年4月22日写了一封信，对该项目的"帝国主义特征"提出质疑。此后不久，该项目在智利参议院遭到一致的谴责。这一项目与1965年4月美国入侵多米尼加的时间不谋而合。这一项目对美国的社会科学研究人员产生了影响，因为他们在拉美的研究工作受到了质疑，甚至无法在拉美进行实地考察。后来，他们与专业协会一起，谴责并要求取消这种秘密研究。

另一个备受瞩目且颇具争议的"大学—政府—基金会"合作案例是由罗杰·韦克曼斯（Roger Vekemans）设计的"边缘化项目"（Marginality Project）。韦克曼斯是一名比利时耶稣会牧师，居住在智利，也是一位反马克思主义者，接受了中央情报局的资助。该项目于 1966 年得到福特基金会 25 万美元的资助，目的是要研究拉美国家的边缘化问题。^① 它的负责人最初是 1964 年巴西军事政变后流亡到海外的费尔南多·恩里克·卡多佐（Fernando Henrique Cardoso）和阿根廷政治学家何塞·努恩（Jose Nun）。该项目的国际咨询委员会成员包括卡尔曼·西尔弗特（Kalman Silvert）等著名的社会科学家。福特基金会曾试图彻底远离该项目。西尔弗特认为，该项目面临的问题与目标、人的个性和文化差异有关，与意识形态或理论上的分歧无关。但批评该项目的人认为，福特基金会不过是帝国主义的直接代理人，它将从它能获得的所有信息中受益，并服务于中央情报局的利益。普洛特金的研究认为，不应该简单地从帝国主义的角度来看待"边缘化研究项目"的失败。他认为，该研究项目的失败应归咎于"不同的合法化制度和不同的确认标准"造成的"误解"。^② 库克和阿尔卡迪巴尼分析了福特基金会资助的另一个项目，并研究了美国学者托马斯·卡罗（Thomas Carroll）是如何把美国的一种科研管理模式强加给巴西圣保罗工商管理学院的。他们认为，卡罗"与得到美国支持的巴西军人独裁者保持着秘密的联系。"^③

三、斯坦福大学的拉美研究与冷战

在拉美研究领域的批判思潮中，斯坦福大学一度发挥了许多关

---

① 处于边缘化地位的人就是生活在受到排斥的社会底层的人。——译者注

② Mariano Ben Plotkin, "US Foundations, Cultural Imperialism, and Transnational Misunderstandings: The Case of the Marginality Project." *Journal of Latin American Studies* 47（1）：65–9. 2015.

③ Bill Cooke and Rafael Alcadipani, "Toward a Global History of Management Education: The Case of the Ford Foundation and the São Paulo School of Business Administration, Brazil." *Academy of Management Learning and Education* 14：482–499. 2015.

键作用。当时，一批来自不同学科的研究生与罗纳德·希尔顿（Ronald Hilton）开展了合作。希尔顿是西班牙美洲和葡萄牙—巴西研究所（Institute of Hispanic American and Luso-Brazilian Studies）的所长，也是斯坦福大学的罗曼语教授。早在 1944 年，他就建立了一个西班牙美洲研究项目。该项目的优势在于：（1）采用跨学科的方法，将教职员工和学生聚集在一起，不断寻找关于当代问题的新闻并进行分析；（2）强调西班牙、葡萄牙与拉美和加勒比地区之间的历史关系和文化联系；（3）搭建西班牙语和葡萄牙语的培训和互动平台；（4）设置语言、文学、地理、历史、政治、社会学、人类学和经济学的课程；（5）为《西班牙美洲报道》撰写分析性报告，对有关国家进行深入的研究；（6）要求研究生把在拉美开展广泛的实地调查作为其学位论文的基础。

1960 年，该研究所设在斯坦福大学校园的玻利瓦尔之家，招收硕士研究生和博士研究生。它的核心活动是每周举行两次学术研讨会，嘉宾是来自拉美的学者、记者、政治家和其他知名人士。其国际学术顾问委员会包括拉美研究领域的许多著名学者。

保罗·巴兰（Paul Baran）是一名著名的、独立的马克思主义学者，第二次世界大战期间曾在美国战略情报局工作。他在 1957 年出版了《增长的政治经济学》，这是一部关于帝国主义如何侵占经济剩余价值的有影响力的著作。这本书可以使我们理解美国政府和企业如何卷入拉美事务以及如何在那里生根发芽。他还曾去过古巴，并于 1961 年出版了一本关于古巴革命的书。1962 年春天，我有幸和他相识，并对他的研究工作有所了解。他的书在巴西很畅销。我还旁听了他的两门课程。他的经济剩余价值观点引发了我对发展理论的兴趣。

斯坦福大学的拉美研究人员经常举办跨学科的研讨会，邀请来自拉美地区的著名作家、记者、学者、商人、政治家和公众人物前来演讲。这些来访者的演讲经常表达与冷战时期正统观念不同的观点。例如，1958 年，《纽约时报》记者赫伯特·马修斯（Herbert Matthews.）曾在古巴马埃斯特腊山逗留过一段时间，是采访菲德尔·卡斯特罗的第一个美国记者。他提醒世界注意，古巴在酝酿发动一场反对残酷的巴蒂斯塔政权的革命。他帮助我们认识了古巴革命，使我们尊重和支持这一革命。他的冒险精神增加了我们寻求新的学术研究方向的兴趣。

希尔顿在《西班牙美洲报道》中偶尔会批评美国对拉美的政策，他的学生也通常会效仿他。1960 年 11 月，《西班牙美洲报道》利用危地马拉媒体的报道，揭露美国中央情报局在危地马拉训练古巴流亡者，希尔顿因此而名誉扫地。虽然美国的一些老牌媒体尊重肯尼迪政府的要求，不披露其入侵猪湾的计划，但《西班牙美洲报道》却援引危地马拉报纸《时间》（La Hora）在 1960 年 10 月 30 日发表的头版文章，称美国入侵古巴的时机已经箭在弦上，古巴流亡者正在危地马拉北部的雷塔卢勒和海尔维蒂亚军事基地接受美国的秘密训练。而且，来自佛罗里达州的可靠消息也证实，一批古巴流亡者和军事装备已空运到危地马拉。

20 世纪 60 年代中期，福特基金会承诺为斯坦福大学的拉美研究提供财政资助，但它表示，它的支持力度取决于该研究所的领导权力能否交给约翰·约翰逊（John J. Johnson）。由于约翰逊长期以来一直与希尔顿的意见相左，不出所料，福特基金会的立场最终导致希尔顿离职。《西班牙美洲报道》和一些跨学科学术项目最后无疾而终。

历史学家拉塞尔·巴特利（Russell Bartley）根据斯坦福大学的档案资料，得出了这一结论：斯坦福大学的拉美研究项目遭遇的困境，与《西班牙美洲报道》披露了中央情报局在古巴猪湾入侵事件中的不端行为有关。尽管斯坦福大学校方对此提出了不同的意见，但巴特利表示，这些档案确实表明，斯坦福法学院院长卡尔·斯佩思（Carl Spaeth）在决定终止《西班牙美洲报道》和相关学术项目的过程中发挥了核心的作用。1963 年 7 月 8 日，斯佩思通知希尔顿，美国政府要求对拉美研究项目进行重组。巧合的是，就在同一天，在斯坦福大学的校园里，福特基金会开始举办为期七周的拉美研究研讨会，希尔顿没有被邀请参加。巴特利推测，福特基金会是导致希尔顿被学术边缘化的主要推力，最终目的是压制独立的批评声音。这种声音因斯坦福大学具有的学术信誉而变得更加合法化了。

当然，福特基金会的干预并没有损害那些参与该项目的研究生的职业生涯，其中许多人后来获得了专业上的认可，成为杰出的拉美学者。来自加州州立大学（洛杉矶）的唐纳德·布雷和蒂莫西·哈丁与我开始筹办《拉丁美洲透视》。当时我在加州大学河滨分校任教。

斯坦福大学的一些学生离开校园，去拉美进行实地考察。他们的研究课题反映了他们对反帝和革命斗争合法性表达的进步的观点。然而，拉美国家的当局和美国政府官员对他们与拉美的进步运动接触持否定的态度。

1958 年，我前往拉美旅行了四个月，包括在古巴革命前夕前往古巴。此外，关于西班牙内战的课程也对我产生了一定的影响。这一切使我确信，有必要对伊比利亚半岛有一个深入的了解，以此作为从事研究拉美工作的基础。1960 年 1 月，我启程去了葡萄牙，在那里，我的研究重点是萨拉查独裁政权。在那些日子里，葡萄牙的管制比较严格。访问和查阅图书馆资料会受到限制。我还不得不经常向秘密警察汇报，以确保我在葡萄牙能够继续居住下去。我对萨拉查政权的研究，使我接触到了正在骚动的政治反对派人士，其中包括葡萄牙学生和一些质疑该政权的非洲人。

由于我撰写了有关葡萄牙非洲殖民地的独立运动的文章，并与有关人士进行了接触，因此，我于 1965 年在安哥拉被捕。在那里，一名身穿黑衫和皮夹克的葡萄牙法西斯秘密警察对我进行了 10 多天的审问。这些人曾接受美国中央情报局的训练，并在澳门（当时是葡萄牙殖民地）从事间谍活动。一些在拉美进行研究的斯坦福大学和其他大学的学生也发现，他们的工作受到了美国官员的监控，并经常受到百般阻挠。

获得富布赖特奖学金的年轻学者的经历很能说明这个问题。在智利从事劳工研究的唐纳德·布雷（Donald Bray）被美国大使馆告知，不要采访左翼领导人，但他经常无视这一指示。当他应邀讲授一门政治课程时，他鼓励学生进行课堂讨论。智利学生对这种在智利大学课堂里不常见的做法反应热烈，并积极阐述各种政治观点。在接下来的一堂课上，他发现，富布赖特委员会的负责人、美国驻智利大使馆和美国中央情报局的官员居然都到场了。

蒂莫西·哈丁（Timothy Harding）因参与巴西左翼政治而被美国安全机构贴上"非美国人"的标签。随后，在联邦调查局的施压下，他无法在美国找到学术职位。他回忆说，1963 年，他在加州大学洛杉矶分校获得了一个职位，但后来院长告诉他，这一职位不能给他，因为副校长与联邦调查局进行了交谈，并被告知，如果录用哈丁，学校就无法获得政府拨款的安全许可。此后不久，太平洋大学提供的一份工作也同样被否决了。福特基金会一直要求斯坦福大学对拉美研究进行全面的改革。当福特基金会的拨款到位后，哈丁在斯坦福大学得到的一个工作录用通知却照样被取消。后来，尽管联邦调查局不断施压和干扰，他最终还是在加州州立大学洛杉矶分校获得了一个职位。

美国政府为许多学生组织和活动提供了赞助，以强化学生中的反共思想，并遏制反帝"新左翼"的发展。卡伦·佩吉特（Karen Paget）根据她的个人经历、她丈夫为该组织所做的工作以及胡佛研究所保存的全国学生协会（National Student Association）的档案，详细介绍了在冷战期间，中央情报局是如何把这个学生组织作为招募特工的手段以及如何通过它来影响世界各地的学生组织，使其拥护美国。

佩吉特描述了这样一件事情。1961年秋，斯坦福大学硕士研究生约瑟夫·洛夫（Joseph Love）成了全国学生协会国际部的工作人员。中央情报局把他和沙夏·沃尔曼拉在了一起，沙夏·沃尔曼是一名罗马尼亚的社会主义者和中央情报局的特工，他在哥斯达黎加建立了政治教育研究所，目的是培训非共产主义的学生，包括流亡的多米尼加人。洛夫还代表全国学生协会参与了沃尔曼组织的活动，对波多黎各总督路易斯·穆尼奥斯·马林（Luis Muñoz Marín）施加影响，促使他支持美国反对菲德尔·卡斯特罗的政策。（这种关系可能激发了洛夫后来撰写了一些关于经济学家米哈伊尔·马诺里斯库和罗马尼亚社团主义对发展理论影响的文章。）

作为斯坦福大学的学生，我们也有过与约瑟夫·洛夫和全国学生协会打交道的经历。我们着迷于古巴革命及其在其他地方产生的影响，开始对拉美的革命左翼进行研究。我们组织了一个由十几名研究生和本科生组成的研讨会，加州大学洛杉矶分校的蒂莫西·哈丁和波莫纳学院的唐纳德·布雷发起了一场以拉美左翼为重点的研讨会。我们甚至还与约瑟夫·洛夫和美国全国学生协会的另一位代表路易吉·艾诺迪（Luigi Einaudi）取得了联系。艾诺迪是兰德公司的一名研究员，他的父亲是一位著名的政治学家。在全国学生协会的赞助下，他们几乎走遍了整个拉美，在那里他们与左翼学生和知识分子进行了密切接触。他们的知识给我们留下了深刻的印象，他们用全国学生协会的资金给我们提供资助，使我们的三个研讨会得以在加利福尼亚州的爱德怀镇（Idyllwild）举行了为期三天的会议。后来，我们从 1967 年 3 月出版的激进杂志《壁垒》（Ramparts）的一篇耸人听闻的报道中得知，美国政府机构已经渗透美国的各行各业，我们从全国学生协会那里获得的资金是来自中央情报局的。因此，我们放弃了对左翼的研究。因为我们意识到，我们的工作可能会对拉美出现的进步运动造成一定的危害，这些运动的目的就是要带来一些重要的变化，而这些变化获得了拉美大部分地区的支持。

1962 年 7 月，一个由 26 名斯坦福学生组成的代表团参加了赫尔辛基世界青年联欢节（Helsinki World Youth Festival）。在这一活动的掩护下，美国中央情报局用美国全国学生协会的名义，与古巴学生协会主席罗兰多·库贝拉（Rolando Cubela）取得了联系。库贝拉也因此牵涉中央情报局密谋刺杀菲德尔·卡斯特罗的案件中。

福特基金会早在 1959 年就已经设立了一个拉美项目，并在布宜诺斯艾利斯和波哥大（1962 年）、圣地亚哥（1963 年）、利马（1965 年）设立了办事处。自 1962 年以来，福特基金会在巴西一直很活跃。在 1959 年至 1980 年期间，它为拉美的社会科学项目专门拨款 5000 万美元。巴特利认为，福特基金会主导着"一个专注于意识形态传播的综合网络机构，致力于推进西方工业民主国家（尤其是美国）的冷战目标"，以确保拉美知识分子能够帮助促进"符合美国全球利益的公共政策和发展计划"。他的研究表明，福特基金会向国际文化自由协会（International Association for Cultural Freedom）创办的杂志《新世界》（Nuevo Mundo）资助了 22.5 万美元，向拉美研究协会资助了 10 万美元，向美国国会图书馆西班牙美洲基金会提供了 26.6 万美元，并向美国的多所大学提供资助。①

一些年轻的左翼学者持有的激进主义思想影响了他们的职业生涯。一个突出的例子就是理查德·哈里斯。他是加州大学洛杉矶分校的政治学博士，对切·格瓦拉之死进行了深入的调查，包括中央情报局在其中的作用。在加州大学圣巴巴拉分校的一次清洗中，他与其他 40 名反战的教职员工一起被开除了。他一直无法在美国获得另一份全职工作，后来只好去墨西哥任教。在那里，他与左翼知识分子建立了密切的关系。20 世纪 80 年代，他回到加州大学伯克利分校。他因积极支持桑地诺政权而再次被迫离开，先去了尼加拉瓜，后来才回到美国加州州立大学（蒙特里湾）任教。

四、创建拉美研究协会和北美拉美学会

1966 年是美国拉美研究发展的关键的一年。这一年，拉美研究协会成立，北美拉美学会（The North American Congress on Latin America）成立后激进思想更加巩固。这两个团体均是在这样的背景下成立的：美国的拉美政策遭遇到灾难性的失败，人们开始对古巴革命的成功表现出欣欣鼓舞，拉美地区出现了变革的希望。为了创建拉美研究协会，多位著名学者做了许多协调工作。除了获得国会图书馆的财政支持外，他们还寻求洛克菲勒基金会和福特基金会的资助。作为拉美研究协会的第一任会长，卡尔曼·西尔弗特要确保福特基金会的持续支持以及协会对福特基金会的财政依赖。巴特利

---

① Russell Bartley, "The Piper Played to Us all: Orchestrating the Cultural Cold War in the USA, Europe, and Latin America." *International Journal of Politics, Culture, and Society* 14 (3): 571–619. 2001.

作出了这样的评论："毫无疑问，对于专业协会服务于美国历届政府的地缘政治利益这种做法，拉美研究协会的成员会感到愤怒。然而，从成立之日起，拉美研究协会的支持者就是希望它成为美国外交政策机构的组成部分之一。"[1] 拉美研究协会章程于1966年5月7日获得批准。在受邀起草章程的45人中只有一名女性，即来自得克萨斯大学的图书管理员内蒂·李·本森（Nettie Lee Benson）。

拥有激进思想的拉美研究学者希望创立一个类似的协会。于是，1966年，北美拉美学会宣告成立。最初，它每月出版一份通讯，后来又出版了一份季刊《北美拉美学会美洲报告》（NACLA Report on the Americas）。这份季刊的覆盖面很广，主要是为美国学者及其学生、在美国学习的拉美学者、传教士以及那些批评美国外交政策的人提供相关的新闻分析。古巴革命和拉美发生变革的前景激发了这份报告的出版。该报告尖刻地揭露了该地区存在的问题，包括1965年美国对多米尼加的干涉和1973年推翻智利的萨尔瓦多·阿连德政权。受越南战争和民权运动的影响，一股激进的思潮开始在拉美研究协会内部出现，有这种思想的人成立了激进的拉美研究人员联盟（Union of Radical Latin Americanists）。当拉美研究协会在建制派学者的领导下逐渐崭露头角时，美国西海岸的一些具有进步思想的学者开始对协会确定的研究方向提出了挑战。1967年12月23日，戴尔·约翰逊（Dale Johnson）等人发表了《关于拉美研究专家职业责任的宣言》（Declaration of Latin American Specialists on Professional Responsibility），反对美国对拉美的干预，呼吁美国学者及其协会脱离"美国政府机构的所有干预活动"。截至1968

---

[1] Russell Bartley, "The Piper Played to Us all: Orchestrating the Cultural Cold War in the USA, Europe, and Latin America." *International Journal of Politics*, *Culture*, and Society 14 (3): 571 – 619, 2001.

年7月31日，这一宣言获得了100多位学者签名，其中3人后来担任拉美研究协会会长，10人成为《拉丁美洲透视》杂志的执行编辑。

1968年11月7日至9日，首届拉美研究协会的全国性会议在纽约召开。会议反映了拉美研究主流的狭隘视野。会议共有七个小组，均由知名男性学者主持，参加者也基本上是男性（只有一位女性）。

五、创办一个另类的拉美研究杂志

虽然北美拉美学会向普通读者提供批判性的报道和分析，但它的作用主要是鼓励新闻性的而非学术性的创作。出于专业和政治原因的考虑，创立一份能够容纳包括马克思主义在内的左翼观点、采用同行评审的学术严谨的期刊，对有激进主义倾向的学者来说是至关重要的。与其他学科的激进主义学者一样，他们希望自己的工作成果能够得到传播，以便在主流学术分析之外能够开启更多的辩论，并重新塑造这一领域。此外，他们的专业发展也需要出版一份杂志，而主流杂志通常不接受激进的学术方法。因此，有必要出台一项决议，呼吁创建一份研究拉美问题的杂志。这一动机最终导致独立于拉美研究协会之外的《拉丁美洲透视》杂志的诞生，但拉美研究协会未能为该杂志提供资助。

起初，拉美研究协会的执行委员会对上述决议作出了积极回应，并要求我提出一项建议，包括追加一项出版杂志的预算。1971年4月27日，时任拉美研究协会会长费德里科·吉尔（Federico Gil）在给我的回信中重申，他与该协会的执行委员会同意创办一个刊物。

我在7月26日给他回信。我说，在最初的两年，这样一个出版项目每年需要 5000 美元，但由于加州大学面临着预算危机，因此它无法在财政上支持该杂志。8 月 16 日，吉尔回答说："我向你们保证，拉美研究协会的执行委员和我本人将继续寻求和探索使这一重要出版项目起步的方法。因为拉美研究协会目前的财政状况显然不允许为此目的使用我们自己的资金，所以，我们将千方百计地利用一切可能的外部资源。"事实上，拉美研究协会的预算中包含了可以轻松满足我们提议的资金需求。

1971 年 12 月 2 日至 5 日，拉美研究协会在得克萨斯州奥斯汀召开了第三次全国会议。但是否创办一个杂志仍是一个悬而未决的问题。事实上，这一会议没有就创办杂志采取任何行动或通过任何决议。

1973 年 3 月 23 日，我们几个人再次讨论了每年出版杂志的问题，还讨论了杂志的格式、论文的主题、组织和政策等问题。我们认为，最初几期的杂志应该讨论依附论的重新评估、转型中的智利以及经历巨变的波多黎各和古巴。1973 年 5 月 2 日至 5 日，在拉美研究协会召开的全国会议上，创办一种新杂志的建议获得一致通过，我被提名为该杂志的执行主编。在 5 月 13 日召开的一次会议上，这种新期刊被命名为《拉丁美洲透视》。

《拉丁美洲透视》的创刊为萎靡不振的拉美研究打了一剂强心针。第一期出版后，立刻引起了全世界的关注。第一期的重点是关于依附理论的研究。《拉丁美洲透视》编辑部曾与进步学者一起，提出过几项倡议，其中之一是呼吁拉美研究协会反对小布什政府实施的一项联邦政府的规定。根据这一规定，任何人编辑古巴学者在古巴撰写的稿件后，都将被处以罚款和监禁。美国研究协会支持该杂志的倡议，表示要对美国政府采取法律行动。小布什政府在诉讼的威胁下不得不放弃了这项规定。2013 年，一项批评奥巴马的拉美政策的决议以 1304 票赞成、90 票反对的结果获得了通过。2016

年，一项谴责巴西弹劾程序是非民主的决议最终以 2263 票同意、326 票反对的结果获得通过。该决议鼓励协会的成员行动起来，呼吁世界注意，巴西的这一不民主的程序为整个拉美地区开创了一个危险的先例。

六、从前沿走向主流

半个多世纪前，我曾说过，拉美研究协会诞生于一个普遍存在知识傲慢和学术殖民主义的时代。毫无疑问，拉美研究协会中年轻一代的进步学者为协会内部的团结和开放作出了一定的贡献，但拉美研究协会领导层最初不仅没有将年轻的激进分子包括在内，而且也没有将其他拉美的学者吸收进来。这促使协会的成员呼吁再创立一个由拉美研究协会资助的期刊，但协会的领导层缺乏这样做的决心。1974 年《拉丁美洲透视》的出版就是对这种呼吁作出的回应。

《拉丁美洲透视》从反帝的角度出发，批评美国对拉美的政策，并用阶级分析法来分析拉美的社会政治现实和社会斗争，对阶级、性别、种族和族裔的融会点进行研究。它用批判性的眼光审视了拉美左翼，并对新自由主义作为帝国主义的一种新形式提出了挑战。在最初的 10 年里，许多《拉丁美洲透视》中的论文被重印，用于课堂教学。例如，早期的几期被整合到一部名为《拉美的妇女》的文集中。这可以说是一部探索性别和阶级具有的共性的开创性著作，销量高达 5000 册。根据期刊的内容，一些出版社还出版了名为"课堂上的拉美视角"系列的丛书。在江时学的帮助下，《替代拉美的新自由主义》于 2004 年在中国出版。该书的 10 多篇论文是我亲自从《拉丁美洲透视》中选出来的。我相信，该书能使中国学者更好地了解《拉丁美洲透视》杂志的办刊方针以及这些论文体现的不同学术视角。此外，《拉丁美洲透视》还一直在探索新的学术方向，其中包括如何研究 1959 年后的古巴、1979 年的尼加拉瓜革命以及南美洲国家（特别是委内瑞拉、玻利维亚和厄瓜多尔）的传统政治受到的挑战。

多年来，拉美研究协会一直希望对拉美学者开放。如今，拉美研究已经横跨多种学科，它不仅代表了美国的学术，而且也代表了欧洲的学术。拉美国家对拉美研究协会的学术回应是，成立总部设在阿根廷布宜诺斯艾利斯的拉美社会科学理事会（Consejo Latino-americanode Ciencias Sociales），由其牵头和领导 450 所大学及研究中心的研究网络体系。2015 年 11 月，它在哥伦比亚麦德林召开了一次有 3 万人报名参加的会议。自 2010 年以来，拉美研究协会的年会容纳了拉美社会科学理事会提出的讨论题目，会上还展示了数百种书籍和多种期刊。

应该说，拉美的学者不仅思考北美洲如何分析拉美的问题及解决方案，而且提出了自己的新想法和新思路，挑战了美国和欧洲学术界对拉美的传统的理解。在冷战期间，许多拉美知识分子在美国和欧洲避难。这使得知识界能够把注意力从经济问题转移到军政府统治下的政治问题，从而推动了拉美民主政治的开放。

当然，北美洲和欧洲的大学依然有着很大的影响力。例如，阿根廷政治学家吉列尔莫·奥唐纳（Guillermo O'Donnell）在批评美国盛行的现代化理论时，从发展理论转向国家的问题和官僚威权主义的问题。他在耶鲁大学攻读博士学位，后来在圣母大学获得了教授职位。他与流亡海外的其他拉美学者一起，依靠福特基金会和社会科学研究委员会提供的资金支持，将注意力转向正式代议制民主的前景，注重国家和政党的传统体制，而非关注阶级冲突的分析。

回顾一下激进主义思潮对美国的拉美研究转型作出的贡献，我认为，我们实现了我们的目标：挑战了公认的智慧、激励了批判性思维，并参与了有关拉美问题的辩论。我们从反帝国的视角出发，对美国的拉美政策提出批评。而且，我们还倡导，在研究拉美时，要用阶级分析法，不要过于注重制度。

拉美研究取得的进展与这样一种认识有关：思想努力和学术贡献需要从拉美的视角出发，需要拉美人的参与。世界观的范式转变应从外部的处方转向基于现实的内部经验，只有这样，才能解决拉美的问题。在这一方面，拉美的知识分子贡献了新的思想和理论见解。

最后，我想说，非常感谢江时学的努力。他在百忙中把此书译成中文。我期待在不远的将来能第三次把《拉丁美洲透视》杂志上发表的优秀论文译成中文，在中国出版。

罗纳德·H. 奇尔科特
美国加州大学河滨分校教授
《拉丁美洲透视》执行主编

译者的话

《拉丁美洲透视》是在美国出版的一本学术期刊，1974年创刊。它刊载的许多论文提出了不少在西方属于非主流的左翼学术观点。尽管如此，它在国际学术界依然享有较高的声望。

该杂志的执行主编罗纳德·H.奇尔科特多次访华，与包括我在内的多位中国学者保持着密切的学术关系。他撰写的三本著作早已被译成中文：《比较政治经济学理论》《批判的范式：帝国主义政治经济学》和《比较政治学理论——新范式的探索》。

为了庆祝《拉丁美洲透视》创刊25周年，奇尔科特从中挑选的近20篇论文被译成中文，以《替代拉美的新自由主义——〈拉美透视〉专辑》为书名，于2004年在北京出版。据我所知，这本书当时在我国学术界是很受欢迎的。

本书的所有论文都是奇尔科特亲自从《拉丁美洲透视》杂志中选出来的。这些论文的涵盖面较广，但都与近几年中国学者关心的拉美发展模式有关。

众所周知，任何一个国家的发展模式都不是一成不变的，而是会随着内外条件的变化而变化。当然，发展模式的调整，有时是主动的，有时是被动的，即在万不得已的情况下，不得不采取"头痛医头、脚痛医脚"这种被动的行为。

第二次世界大战后，拉美的绝大多数国家开始进口替代工业化模式。这一模式要求政府进行有力的干预，并要高筑贸易壁垒，以保护自己的"幼稚工业"。因此，这一模式也被称作"内向模式"。

这一模式奠定了拉美工业的基础，并使其经济在一定时期内取得了快速的发展，但是，这一模式的内向性与20世纪70年代后期世界经济形势的不良变化交织在一起，最终使拉美在80年代遭遇了前所未有的债务危机。"屋漏偏逢连夜雨"。债务危机很快就演化为经济危机。在双重危机的打击下，80年代成了拉美经济的"失去的十年"。

为了摆脱这一危机，拉美国家分别在80年代末或90年代初调整了发展模式。这一调整的特点就是，通过实施改革，使原来的内向发展变为外向发展。这一调整的力度之大、影响之广，曾被誉为拉美大陆上的一次"经济政变"。关于改革的内容，我称之为"四化"：市场机制市场化、贸易自由化、国有企业私有化和金融自由化。

拉美发展模式的调整成效显著。首先，"四化"实施后不久，拉美经济就恢复了增长。其次，拉美经济的开放度不断扩大，从而在一定程度上从全球化中获得了不少好处。最后，拉美的宏观经济指标显著改善，抵御外部冲击的能力有所增强。

当然，拉美发展模式的调整并非十全十美。一方面，拉美经济对初级产品出口的依赖性依然很重，因此，每当国际市场初级产品价格下跌时，拉美经济的增长就会受到不良影响；另一方面，收入分配不公、非正规部门庞大以及社会治安恶化等老大难问题久治不愈。无怪乎许多拉美有识之士呼吁，拉美国家要对改革进行改革，即用改革的方式纠正改革的偏差。

应该指出的是，随着拉美发展模式调整的不断深化，拉美政治舞台上也出现了引人注目的变化，其中之一就是拉美左翼的东山再起。

对于拉美左翼东山再起，国内外学术界的评价多种多样。褒之者认为，拉美左翼对拉美发展模式的探索是值得肯定的。此外，拉美左翼奉行以人为本的原则，在经济和社会等领域照顾弱势群体或社会底层的贫困大众。因此，在左翼当政的国家，贫困问题的严重性都得到一定的缓解。但贬之者认为，在大多数左翼当政的国家（尤其是委内瑞拉），政治稳定得不到保障，经济得不到增长。

在国际学术界，拉美左翼的东山再起被视为"粉红色浪潮"（pink-tide）现象。在题为"拉美的'粉红色浪潮'"一文中，委内瑞拉东方大学教授、《拉丁美洲透视》杂志副主编史蒂夫·埃尔纳（Steve Ellner）对这一现象进行了深入的分析。他认为，"粉红色浪潮"政府都是抵制新自由主义的，右翼都是支持新自由主义的，华盛顿对这些右翼政府的坚定支持也清楚地表明了它们的政治取向。

在探讨"粉红色浪潮"政府的所作所为时，埃尔纳指出，右翼咄咄逼人的姿态也影响到了"粉红色浪潮"政府的策略，从而破坏了左翼的民主目标。面对右翼的挑战，"粉红色浪潮"政府作出了一些让步，并实施了一些"粗陋的民众主义"（Crass populism）政策措施。这些政策措施在短期内取得了政治上的成功，但最终适得其反，助长了腐败、浪费和经济停滞，从长远来看反而不能巩固稳定，也无法实现既定的目标。他甚至说，我们在研究拉美左翼掌权的背景、复杂性及其务实的民众主义政策带来的具体错误后，可以发现，左翼政府面临的困境不是不可避免的。

为了将 Crass populism 译成中文，我请教了许多学者（包括埃尔纳在内）。最后，我决定将其译为"粗陋的民众主义"。

其实，populism 一词的翻译就有两种。有人译为民粹主义，有人译为民众主义。欧洲的 populism 反对欧洲一体化，反对欧元，反对传统政党，反对外来移民，反对外国投资；而拉美的 populism 反对传统政党，但不反对拉美一体化，不反对外国投资。进入拉美的移民很少，因此，反对外来移民也就无从谈起。正是因为欧洲和拉美的 populism 有上述两个差异，因此，我认为，欧洲的 populism 可以译为民粹主义，拉美的 populism 可以译为民众主义，况且我国的拉美研究学者早在 20 世纪八九十年代就开始使用"民众主义"这一说法。

除"粉红色浪潮"以外，拉美的左翼还被称作"新左翼"。这主要是为了区别于 20 世纪出现在该地区的左翼。加拿大独立研究人员梅根·皮卡普在《拉美的新左翼政治经济学》一文中指出，新左翼在选举中取胜，被视为该地区新自由主义失败的产物。她认为，新左翼政府政策的核心是基于这样一种信念，即市场不应独善其身，国家在调节经济、增加政治参与和分配经济利益方面应该发挥关键性的作用。

拉美的新左翼政府都很关心公平和社会福利，减少不平等，力图将社会公民身份扩展到那些以前被边缘化的群体。无论是联合国的有关机构还是一些中立的美国学者，都承认拉美的左翼政府或多或少地实施了多种多样的社会发展计划。当然，社会发展计划的实施需要大量资金。因此，皮卡普认为，为了推动社会发展，新左翼政权利用大宗商品价格高涨带来繁荣。无怪乎这些政府十分重视采掘主义（extractivism），严重依赖于自然资源的开发。

采掘主义是一种以大规模开采自然资源为基础的资本积累方式。国际上的许多学者认为，1492 年哥伦布"发现"美洲新大陆后，欧洲殖民主义者在美洲从事的肆无忌惮的资源开采，就是这样一种采掘主义行为。如果说采掘主义可追溯到殖民地时期，那么，最近几十年的这种采掘主义可被称作"新采掘主义"。两种采掘主义的差异可能是资本和技术的使用不同以及采掘的规模不同。

皮卡普也指出，新左翼政府实施的这些社会发展计划似乎并没有伴随生产部门出现的相应的持久性变革。其结果是，国际市场上大宗商品价格下跌削弱了这些政府的生存基础。

皮卡普还提出了中国学者较少关注的这样一个观点：左翼内部的分裂以及左翼的政治基础的变化。她说，原来支持新左翼、并将其推上权力宝座的团体，后来却动员起来，反对这些政权。因此，在弹劾巴西总统迪尔玛·罗塞夫的过程中，许多人和团体发现自己处于一个两难的境地：反对弹劾的人或团体未必支持罗塞夫或劳工党。在厄瓜多尔，科雷亚总统曾与支持他当选的土著人团体发生了冲突，因为政府大力开发自然资源的政策伤害了土著人的利益。

近几年，巴西的政治格局出现了引人注目的变化。这一变化与多种因素有关，其中之一就是巴西资产阶级内部两大派别之间的博弈。巴西坎皮纳斯州立大学政治学教授阿曼多·博伊托、英国伦敦大学政治经济学教授阿尔弗雷多·萨阿德·费略在《巴西的国家、国家体制和政治权力》一文中，将巴西的资产阶级分为两个派别：国内资产阶级和国际化资产阶级。他们认为，区别这两个派别的方法就是看它们与资本积累过程保持着什么样的关系，特别是与新自由主义、国际一体化和金融化保持着什么样的关系。这两个派别之间既有冲突，也有合作。

巴西劳工党是左翼政党。这一左翼政党与中产阶级保持着什么样的关系，是一个引人入胜的学术问题。博伊托、费略认为，巴西的权力集团由大资产阶级的两个相互对立的派别（国内资产阶级、国际化资产阶级）控制。国内资产阶级领导着支持劳工党的政治阵线，包括中下阶层、加入工会的工人、有组织的农民，以及大多数非正式和边缘化的工人。国际化资产阶级与城市上层中产阶级建立了牢固的联盟，其组成部分包括大多数大中型私营企业的管理人员、国家官僚机构的高级干部、专业人士、独立商人、小规模的投资者、地主，以及雇用少量工人的企业家。

在世界各国，议会的权力及其在国家政治生活中的地位不尽相同。博伊托、费略认为，巴西的大多数政党在国会中的存在，仅仅是为了集体投票而采取的一种统一行动。否则，它们在很大程度上会被排斥在各级政府之外。由此可见，巴西拥有的不是政党统治的政府，而是政府管理的政党。

在过去的 20 年，中国学者对拉美左翼的研究越来越深入，但是，相比之下，对拉美右翼的研究则不然。事实上，即使在拉美左翼成为拉美政治舞台上的一道"亮丽的风景线"时，右翼并没有一蹶不振。博索纳罗的上台意味着，无论在巴西还是在其他拉美国家，右翼的根基是非常牢固的，随时随地会掌握国家的政权。

阿根廷布宜诺斯艾利斯大学助理教授阿里埃尔·亚历杭德罗·戈尔茨坦在《巴西的新极右翼势力与右翼秩序的构建》一文中深入分析了巴西右翼如何与左翼抗争，如何将罗塞夫总统弹劾，如何将卢拉投入监狱，如何使博索纳罗当选为总统。他写道："罗塞夫被弹劾，被劳工党和罗塞夫谴责为一次'议会政变'。虽然这一过程遵循了必要的步骤，但并不是一个干净的、无瑕疵的过程。卢拉之所以受到司法迫害和监禁，主要是因为右翼希望阻止他参加总统竞选。巴西正在构建的新右翼秩序，并不是一种典型的'议会政变'导致的独裁统治，而是一个去民主化的过程。正如罗塞夫所言，民主正在从内部遭到摧毁，就像一棵树被白蚁吞噬一样。"

戈尔茨坦认为，自声势浩大的反腐败调查"洗车行动"开始以来，巴西左翼力量已经失去了两个总统任期（罗塞夫和卢拉）。相比之下，右翼势力则在 2018 年一举赢得了选举胜利。博索纳罗的胜利表明，巴西政治文化发生了根本性的变化。这是自 1985 年独裁统治结束以来，第一次有一位拥有反女权主义议程的极右翼候选人有能力将他的信念传播到广泛的社会群体中。戈尔茨坦指出，博索纳罗代表着"对民主的威胁"。

2018 年 3 月，巴西女权主义活动家、社会主义自由党副主席玛丽埃尔·佛朗哥在里约热内卢遭到政治暗杀。在社交媒体上，极右翼组织认为，这次暗杀是正当的。确实，正如戈尔茨坦所言，这一事件揭示了巴西政坛对左翼势力的围剿，因为左翼力量一直在谴责巴西正在形成的右翼秩序。

国内外学术界有这样一个共识：拉美左翼东山再起是从1998年12月查韦斯当选委内瑞拉总统开始的。查韦斯推行的内政外交被国外学者称作"查韦斯主义"。且不论这一提法是否妥当，过去20多年委内瑞拉走过的路，确实很值得我们研究。阿根廷布宜诺斯艾利斯大学的费尔南多·达切夫斯基和胡安·康布利赫特在《委内瑞拉的资本主义危机与查韦斯主义》一文中深入分析了委内瑞拉遭遇的政治危机和经济危机的来龙去脉。需要指出的是，这一论文使用了"石油地租"（petroleum ground rent）和"石油租金"（petroleum rent）等概念。

大多数拉美国家都拥有丰富的自然资源。这一大自然"恩赐"也是其比较优势。达切夫斯基和康布利赫特认为，与出口原料的其他拉美经济体很类似，委内瑞拉的经济周期具有这样一个特点：一个部门以较高的生产率和一定的国际竞争力去开发自然资源，另一个部门则会专注于生产率较低的国内市场。后者需要从前者获得资金转移，因此两者之间本质上存在某种冲突关系。这种"二元结构"在委内瑞拉是以一种非常特殊的方式展开的。查韦斯政府上台时，恰逢石油地租上涨。这为政府扩大社会支出提供了充裕的资金，也为查韦斯主义赢得了坚实的社会支持。然而，石油价格的上涨并没有使委内瑞拉的非石油部门减少对石油地租的依赖。

达切夫斯基和康布利赫特指出，马杜罗政府从一开始就面临着一场严重的经济危机：基本商品的短缺，通货膨胀居高不下，官方汇率和平行汇率之间差距的不断扩大。这场经济危机对工人们的政治议程构成了直接挑战。然而，要确定解决危机的方法是什么，就要确定到底是什么原因使这个国家陷入了危机。查韦斯主义的官方回应是，与其说这是一场危机，不如说这是一场经济战争，一场为了在前进过程中克服外部障碍的斗争。无论如何，马杜罗政府如要继续减少国家在租金中的直接参与，查韦斯主义的社会基础就会被削弱。

在分析石油收入对委内瑞拉经济的影响时，达切夫斯基和康布利赫特多次提到委内瑞拉货币玻利瓦尔的币值高估。他们引用的数据表明，币值高估的幅度甚至高于 20 世纪 70 年代的石油繁荣时期，从而导致官方汇率与黑市汇率的差距不断扩大。他们认为，国家石油公司向非石油经济部门提供的大部分石油地租，与玻利瓦尔的币值高估后不得不用来支付更多的出口有关。而且，虽然币值高估在一定程度上扩大了海外购买力，但也助长了美元的外逃。因此，在一定程度上，币值高估的主要受益者反而是外国资本。

达切夫斯基和康布利赫特还提到了"荷兰病"。早在 20 世纪 90 年代初，我就在《世界经济》杂志上发表过一篇关于发展中国家与"荷兰病"的文章。当时，委内瑞拉似乎还不太引人关注。但是在进入 21 世纪以来，国际上越来越多的人认为，委内瑞拉已罹患"荷兰病"，而且病情很重。"荷兰病"实际上就是我们常说的"资源诅咒"（the resource curse）。

哥伦比亚是一个多民族国家。在 5000 多万人口中，印欧混血种人占 60%，白人占 20%，黑白混血种人占 18%，其余为印第安人和黑人。哥伦比亚的非洲裔女性活动家、马萨诸塞大学阿默斯特分校人类学博士生卡斯特丽拉·埃斯特·埃尔南德斯·雷耶斯在《哥伦比亚的黑人妇女与采掘主义》一文中探讨了哥伦比亚的矿资源开发对黑人妇女的影响以及她们如何为捍卫自己的权利而开展斗争。

埃尔南德斯认为，非洲的殖民主义崩溃后，全球化资本主义的危机使新殖民主义转向南美洲和非洲地区的采掘主义，并通过国际贸易、援助和投资政策，将这些前殖民地置于北方发达国家组成的资本主义帝国主义势力的控制之下，确保来自发展中国家的资源继续流向发达国家。作为种族化资本主义项目的一部分，新殖民主义形式的采掘主义产生和复制了物质形式的排斥、种族主义、不平等和压迫，因此下层人民的动员和其他形式的抵抗正在拉美不断展开。在哥伦比亚，随着宪法改革和1993年《黑人社区法》的通过，哥伦比亚出现了强大的黑人社会运动。

埃尔南德斯从女权主义理论视角出发，以2014年在哥伦比亚爆发的"头巾游行"抗议活动为例，分析了哥伦比亚黑人妇女是如何反抗采掘主义的。她呼吁人们关注在没有事先协商的情况下把采矿特许权授予跨国公司、白人和梅斯蒂索人后产生的影响。她认为，黑人妇女的激情、愤怒、勇气、爱和希望提供了另一种让她们获得解放的机制，使我们重新认识到哥伦比亚的非洲裔女性获得的生活的意义和归属感。

阿根廷的农业资源十分丰富。在19世纪末20世纪初，阿根廷依靠潘帕斯地区出产的小麦和牛肉，成为世界上的农产品出口大国。那时，被誉为"世界粮仓"的阿根廷是世界富国。后来，阿根廷沦落为发展中国家，但农业在阿根廷经济中始终发挥着重要作用。

20世纪60年代末，阿根廷开始在潘帕斯草原大面积种植大豆。在全球大宗商品价格上涨和需求旺盛的背景下，阿根廷迎来了大豆生产的繁荣时期。尤其在1996年采用转基因种植技术后，阿根廷的大豆种植面积和产量大幅度增加。目前，阿根廷是全球第三大大豆种植和出口国。"大豆繁荣"促进了阿根廷的经济增长，为政府实施扶贫计划提供了物质条件。但是，大豆种植业的发展也对社会和生态环境产生了不少负面的后果，其中最引人注目的就是农药喷洒带来了健康风险以及农民因土地被暴力征用而被迫流离失所。美国杜兰大学社会学系助理教授阿玛莉亚·莱吉萨蒙在《阿根廷大豆种植业的危害性及妇女的斗争》一文中对阿根廷的妇女如何应对大豆种植业的副作用进行了深入的分析。她认为，21世纪初，一些拉美国家选出的左翼领导人试图通过重新分配从资源采掘中获得的利润，减少新自由主义政策造成的社会不平等。然而，这种依靠技术创新来控制和支配大自然的采掘经济模式，对社会和生态带来了一系列负面结果。

拉美人热情奔放，思想活跃，经常会提出一些引人注目的新思想、新概念或新理念。2006年是厄瓜多尔的大选年。总统候选人拉斐尔·科雷亚参加竞选时作出的一个承诺就是通过起草新宪法来重建厄瓜多尔。他表示，他的主要目标是实现社会正义、平等和废除特权，建立一个尊重多样性和自然的社会。2007年1月上台后，科雷亚立即推动制宪程序。2008年9月28日的全民公决通过了新宪法。这一宪法明确地将"美好生活"（Buen vivir）确立为新宪法的基本原则，旨在抛弃新自由主义。

厄瓜多尔国家高等研究院研究员萨拉·卡里亚、西班牙坎塔布里亚大学经济史教授拉斐尔·多明格斯在《厄瓜多尔的"美好生活"：一种新的发展思想》一文中分析了"美好生活"的含义及科雷亚政府实施这一理念的成效。作者认为，"美好生活"这个概念问世后就立刻吸引了学界、政界人士和社会各方面的极大兴趣，其影响远远超出了起源于安第斯地区土著人传统的范围。事实上，它已经成为一个国际上热烈争论的话题。作者写道，"有人认为，'美好生活'概念的提出，为建立在一种全新的价值观和世界观之上的发展概念作出了原创性贡献。还有人指出，它与20世纪90年代以来的发展概念（特别是人类的可持续发展的概念）有相似之处。无论从哪个角度看，新宪法通过以来，'美好生活'一直是政府政策的根本宗旨和国家规划的指导方针。"

卡里亚和多明格斯也认为,科雷亚总统根据"美好生活"的基本要素制定的政策和采取的行动,似乎更多地来自一种更为务实的政治取向,因为官方话语中提到的各种关于"美好生活"的概念,看起来都是科雷亚政府谋求建立共识的一种工具而已。这两位学者指出,"美好生活"可以被看作一种幻想或一种古老而理想的充实状态。在这种状态中,欲望本身(即期望的享受)往往超过实现期望的实际可能性。许多"美好生活"的支持者几乎毫不关心这个概念的模糊的定义以及令人可疑的政策,甚至不关心这一理念与政府的做法之间表现出的明显差距。因此,"美好生活"常被称为"乌托邦式的未来"或"现实版的乌托邦"。

在拉美左翼东山再起的"粉红色浪潮"中,与委内瑞拉和厄瓜多尔齐名的是玻利维亚。玻利维亚是一个印第安人国家。在 1100 多万人口中,印第安人占 54%,印欧混血种人占 31%,白人占 15%。官方语言为西班牙语和盖丘亚语、阿依马拉语等 36 种印第安民族语言。2005 年 12 月,莫拉莱斯参加大选并获胜,翌年 1 月就职,成为玻利维亚独立以来首位印第安人总统。2009 年,玻利维亚国名改为"多民族玻利维亚国"。

2015 年 9 月,位于圣克鲁兹省东部的查拉瓜市通过了一项公民投票,建立了一个土著人农民自治区。这是根据玻利维亚 2009 年宪法建立的第一个自治区。美国加州大学(圣克鲁兹)政治系博士生亚伦·奥格斯伯格、美国蒙大拿大学政治学系教授保罗·哈伯在《玻利维亚的土著人自治》一文中,从国家的概念入手,分析了莫拉莱斯当政时期土著人自治的进展、成效和问题。他们认为,土著人自治的要求不可能超脱国家管辖的范围,而是应该被视为社会力量之间不断变化的一个因素。毫无疑问,土著人自治对玻利维亚这样一个多民族国家来说是至关重要的。土著人自治为玻利维亚国家和社会的根本变革创造了可能性。

奥格斯伯格和哈伯认为，由于玻利维亚的土著人自治代表着一场具有多重文化、意识形态和物质含义的社会斗争，因此，它也遭到了一些人的公然反对。这两位学者指出，需要研究的问题是，土著人要建立一个什么样的国家？能否建立以及如何建立一个满足土著人诉求的国家？能否建立一个有望解决殖民地时期以来土著人长期遭受历史性歧视和排斥等问题的国家？

中国学者未必能同意本书的所有观点，但我认为，绝大多数观点还是能够被我们接受的。此外，本书使用的研究方法以及分析问题的视角，都是值得我们学习和借鉴的。

但愿本书的出版能为推动我国的拉美研究事业作出贡献。

拉美的"粉红色浪潮"[*]

史蒂夫·埃尔纳

委内瑞拉东方大学教授、

《拉丁美洲透视》杂志副主编

【内容提要】被称为"粉红色浪潮"的现象，是指21世纪初拉美国家的左翼和中左翼总统候选人在选举中取得的胜利。他们的取胜加剧了这些国家内部的紧张局势，并引发了剧烈的政治和社会两极分化现象。强烈抵制"粉红色浪潮"的右翼倾向于支持新自由主义，华盛顿对这些右翼政府的坚定支持也清楚地表明了它们的政治取向。如要从左翼角度对进步政府或"粉红色浪潮"政府进行评估，我们应将它们置于一定的政治和经济背景中。右翼咄咄逼人的姿态也影响到了"粉红色浪潮"政府的策略，从而破坏了左翼的民主目标。面对右翼的挑战，"粉红色浪潮"政府作出了一些让步，并实施了一些"粗陋的民众主义"政策措施。这些政策措施在短期内取得了政治上的成功，但最终适得其反，助长了腐败、浪费和经济停滞，从长远来看反而不能巩固稳定，也无法实现既定的目标。批评拉美左翼政府的人认为，"粉红色浪潮"政府推行的政治和经济

---

[*] 原文题为"'粉红色浪潮'政府对右翼作出务实的、民族主义的回应"。

模式以及各种所谓"主义"，都遭遇了历史性的失败。他们还认为，这些左翼政府的问题源于其经济模式的内在矛盾、缺陷和不可操作性，因此，它们必然会垮台。上述看法与过去一个世纪右翼对社会主义的批评极为相似。但是，我们在研究拉美左翼掌权的背景、复杂性及其务实的民众主义政策带来的具体错误后，可以发现，左翼政府面临的困境不是不可避免的。"粉红色浪潮"是拉美独一无二的现象，体现了已经实施的具有民众主义性质的社会发展项目的多样性。这些项目数量很多，有新意，各有千秋，因此，我们只有对其进行分类后，才能确定其积极面和消极面，从而加深理解其实施的效果。从积极的一面来看，这些社会发展项目促进了边缘化人群的权力感、融入感和参与感。

2008 年后国际市场上大宗商品价格下跌严重影响了拉美左翼和中左翼政府，导致经济收缩和政治对抗，并带来了一系列的挫折和倒退。右翼的对手将问题归咎于这些政府采用的模式固有的缺陷。一些批评者指出，左翼风格的民众主义模式是其最根本的原因。具有讽刺意味的是，墨西哥学者豪尔赫·卡斯塔涅达曾将巴西劳工党视为"好的左翼"的典范，与乌戈·查韦斯所代表的"民众主义左翼"形成了鲜明的对比。卡斯塔涅达将巴西总统迪尔玛·罗塞夫归类为民众主义者，并认为她的所谓民众主义政策是导致其政府垮台的原因。[1] 其他右翼分析人士将进步政府面临的政治困境和经济

---

① Jorge G. Castañeda, "The tides of Latin American populism." Project Syndicate. December 22, 2015. https：//www.project-syndicate.org/commentary/latin-america-rejection-leftist-governments-by-jorge-g-casta-eda-2015-12？ barrier = accessreg（accessed March 15, 2016）. Jorge G. Castañeda and Marco A. Morales, "The current state of the utopia," pp. 3 – 18 in Jorge G. Castañeda and Marco A. Morales（eds.）, *Leftovers：Tales of the Latin American Left*. New York：Routledge. 2008.

困境归因于经济干预主义。①

一、何谓"粉红色浪潮"

国际上的批评人士对左翼的攻击反映了这些国家的国内政治状况。被称为"粉红色浪潮"的现象，是指 21 世纪初左翼和中左翼总统候选人在选举中取得的胜利。他们的取胜加剧了各国内部的紧张局势，并在各国引发了剧烈的政治和社会两极分化现象。在"粉红色浪潮"政府与反对派之间的冲突背后，是两种观点之间的冲突。几乎所有"粉红色浪潮"政党都被认为是左翼政党，它们支持民族主义经济和文化目标、经济一体化以及广泛的社会项目，并在决策过程中采纳非精英阶层的意见。在某些情况下，它们还支持由国家主导的混合经济模式。此外，它们还促进了社会运动和社会组织的发展。这些运动和社会组织是促成左翼政党当选的各种力量的一部分，并在某些情况下将它们纳入决策过程。

两极分化所导致的另一个后果是，拉美的进步政府与美国政府之间的关系变得紧张。美国政府利用其可观的资源来遏制激进的左翼政府和温和的左翼政府的发展。美国政策遵循的是一种历史模式。在冷战期间，华盛顿为制造不稳定和促成政权更迭所做的努力，主要是针对各个左翼政府：如危地马拉的阿本斯政府（1954年）、巴西的古拉特政府（1964 年）、多米尼加的博什政府（1963年和 1965 年）、智利的阿连德政府（1973 年）和尼加拉瓜的桑地诺主义政府（1980 年）。

强烈抵制"粉红色浪潮"的人往往倾向于支持新自由主义。他

---

① 在国际学术界，"进步"的含义等同于左翼。因此，"进步政府"就是左翼政府。——译者注

们的意图不仅体现在总统候选人的选举纲领上，而且还体现在他们掌权后的行动上，特别是阿根廷的毛里西奥·马克里和巴西的米歇尔·特梅尔。他们信奉的政策主要包括私有化、削减社会项目、把那些受保护的土著人土地对农业企业和伐木业开放以及接近美国的政策轨道，等等。华盛顿对这些右翼政府的坚定支持也清楚地表明了它们的政治取向。

这两种相互冲突的观点对应着两个不同社会集团的观点。尽管民众阶层的支持对"粉红色浪潮政府"的生存至关重要，但反对派作为一个整体与特权阶层有着密切的联系。2014 年和 2017 年，委内瑞拉出现了阶级分裂，当时旨在实现政权更迭的破坏性抗议活动集中在由反对派市长管理的富裕城市，但未能在社区引起共鸣。在委内瑞拉和其他地方，大多数主要政党和反对派领导人在"粉红色浪潮"出现之前就已经统治了这个国家。他们的重新掌权预示着旧秩序的恢复。在旧秩序中，商业团体、传统政党、教会等级制度和媒体所有者将重新获得他们的霸权地位。也有相当多的证据表明，如果老牌精英们重新执掌政权，他们会给支持他们的社会运动和"粉红色浪潮"左翼以沉重的打击。路易斯·伊纳西奥·卢拉·达席尔瓦在巴西被监禁，克里斯蒂娜·基什内尔和拉斐尔·科雷亚受到了司法起诉，委内瑞拉各级反对派领导人不断宣布查韦斯主义者也被指控有罪，所有这一切都指向同一方向，即遏制左翼。

二、对拉美进步政府的评价

拉美的进步政府面临着紧迫的经济和政治问题，巴西、阿根廷、委内瑞拉和其他国家最近遭受了挫折，这些事实都要求我们对"粉红色浪潮"现象进行批判性的分析。在分析这些政府的所作所为时，有人从左翼视角出发，对其背离原来的政治行为进行了无所不包的批评。他们这样做，与极左运动（如厄瓜多尔土著人联合会、委内瑞拉的社会主义浪潮）不谋而合，都是采用一种"你们两家都有瘟疫"的姿态。①

还有一些学者对左翼的批评较为公正。一方面，他们承认，进步政府无力克服阻碍经济发展的模式和结构，如多种形式的依附以及地租型资本主义。另一方面，他们否认左翼政府公然地、系统性地违反民主原则。与此同时，他们也认识到了民主的一些缺陷（如党权的集中），但在某些情况下，他们认为，这些缺陷是务实的回应造成的结果，或是反对派的激进策略和破坏造成的结果。他们也不同意这样一种说法，即进步政府的社会计划是"粗陋的民众主义"的表现形式。② 他们强调了赋予弱势群体以权力和鼓励其参与政治的必要性，尽管他们认为某些做法只会徒劳无功，无助于消除贫困。

如要从左翼角度对进步政府或"粉红色浪潮"政府进行评估，应将它们置于一定的政治和经济背景中。一个合乎逻辑的起点是评估来自反对派的咄咄逼人的气势和怀有敌意的程度。当然，反对派对"粉红色浪潮"政府领导人的抵触非常强烈。在许多情况下，反对派领导人代表的是"不忠诚的反对派"，他们质疑左翼的民主资质，拒绝承认政府的合法性，有时甚至为了实现政权更迭而不惜一切代价。此外，私人部门减少投资，造成了经济的匮乏和失业。在厄瓜多尔，反对派的激进化得到了资产阶级金融阶层的支持，因为这一阶层的利益深受科雷亚的政策的损害。

---

① 极左翼既批评进步政府（"粉红色浪潮"政府），也批评右翼政府和保守政府。"你们两家都有瘟疫"源自莎士比亚的《罗密欧与朱丽叶》。——译者注

② 应译者要求，本文作者为"粗陋的民众主义"（Crass populism）给出了以下定义："粗陋的民众主义"是一个贬义词，指的是政客用感情色彩浓厚的投机方式，为复杂的问题提出一种简单化的解决方法。——译者注

最极端的例子是委内瑞拉。几乎在一开始，反对派就对查韦斯政府进行不依不饶的发难，毫不让步，且采取了多种形式。例如，商界支持的大罢工导致 2002 年 4 月发生了政变，2003 年、2007 年、2013 年、2014 年和 2017 年爆发了持续的街头暴力，拒绝承认 2004 年、2005 年、2013 年、2017 年和 2018 年的选举结果，发动了一场包括 2002—2003 年的总罢工在内的"经济战"，从委内瑞拉撤资以及美国多家跨国公司决定关闭在该国的业务，华盛顿、美洲国家组织和南方共同市场发起了针对委内瑞拉政府的外交运动，特朗普政府实施了严厉经济制裁及军事干预威胁，当地和外国的媒体以及教会阶层一致谴责查韦斯政府，等等。

这种性质的挑战迫使进步政府作出了一些让步，并实施了一些从长远来看破坏了经济和政治稳定以及既定目标的政策。具体来说，政府的反应是实施务实战略，如拉拢私人部门和推出一些民众主义倡议，包括社会项目，以满足民众部门成员的短期需求，并遏制持不同政见者。这里定义的民众主义措施并不直接推动经济发展，或者与经济发展无关，可能包括促进家长式作风和阻碍经济发展的努力（我称之为"粗陋的民众主义"）。"粗陋的民众主义"的一个例子是对公共服务和商品进行过度的价格补贴，从而助长了浪费。在许多"粉红色浪潮"国家，这些政策虽然在短期内取得了政治上的成功，但最终适得其反，助长了腐败、官僚浪费和经济停滞。

在委内瑞拉和巴西，务实的战略导致了腐败，而腐败又产生了丑闻和严重的政治后果。在尼加拉瓜，右翼势力的咄咄逼人迫使桑地诺政权接受让步，并削弱了政府的计划。例如，桑地诺主义者奉行的务实战略（包括在 2006 年选举中将一位商人、前反对派支持者任命为副总统）归因于这样一种必要性：他需要让选民相信，桑地诺主义者重新掌权后不会引发类似 20 世纪 80 年代那样的新一轮暴力。

玻利维亚总统埃沃·莫拉莱斯在2011年与圣克鲁斯的商业精英达成的促进"粮食安全"和农业出口的协议在几个方面取得了政治上的成功，但也产生了一些负面影响。该协议有助于化解和孤立支持地区自治的极端主义团体，这些团体最终将商界领袖称为"反对圣克鲁斯公民斗争的叛徒"。该协议还有助于莫拉莱斯领导的"争取社会主义运动党"在圣克鲁斯和玻利维亚东部的传统保守省份取得选举的胜利。然而，不利的一面是，这种融合使"争取社会主义运动党"朝着中间派的方向发展，并且正在远离其社会运动基础。此外，与本国资本和跨国资本占统治地位的阶级派别达成社会和政治和平的代价之一，就是限制了玻利维亚土著人的自治愿望。

温和派与左翼派之间达成的交易和组成的联盟，表明以下这个普遍认可的观点存在一定的误导性："左翼民众主义"的显著特征是其不妥协性和它所推动的两极分化。民众主义仅限于"对抗政治"。尽管查韦斯在言辞上抨击反对派，但委内瑞拉和玻利维亚都力争避免出现极端情况，甚至在某些情况下，还与精英代表达成了协议。但批评者却声称，这些社会发展计划是"粗陋的民众主义"的例子。

反对派咄咄逼人的姿态也影响到了"粉红色浪潮"政府的策略，从而破坏了左翼的民主目标。对政府生存的威胁助长了执政左翼的宗派主义倾向，他们要求其追随者无条件地忠诚，并呼吁他们团结一致。查韦斯最喜欢的口号之一是"团结，团结，更加团结。"然而，不惜一切代价地打出内部团结的旗帜，是以牺牲自我批评和内部民主为代价的。

此外，反对派推动的暴力活动已经危及到了安全，并因此进一步加剧了政府对军方的依赖，而军方本质上是一个等级森严和不民主的机构。在玻利维亚就新宪法进行辩论的时候，准军事部队和东部各省的其他团体发动了数次恐怖袭击和种族主义暴力活动，这种情景在当时经常上演。这种骚乱和破坏活动包括占领机场、与亲政府示威者和安全部队发生冲突、在政府公司和组织办公室安装炸弹以及肆意杀害政治活动分子，等等。2010 年厄瓜多尔发生未遂政变后，政治暴力强化了中间派的力量，但牺牲了民众主义。在查韦斯当政期间，委内瑞拉出现了同样的情况。因此，与其他历史背景下出现的情况一样，在"粉红色浪潮"国家，反对派引发的暴力和威胁使用暴力，往往会破坏民主体制和民主实践。

就左翼和温和的"粉红色浪潮"政府的背景及其采用的策略而言，它们之间往往存在着明显差别。在委内瑞拉、玻利维亚和厄瓜多尔，当权的左翼都召集了制宪会议，目的是削弱反对派并促进左翼对国家的控制。然而，事实证明，私人部门在迫使政府退出某些权力方面是卓有成效的。在玻利维亚和厄瓜多尔，企业家与政府同意达成妥协；在委内瑞拉，政府对拒绝政权更迭的一群企业家给予优惠待遇。在上述三个国家，政府对私人部门采取的务实做法给它们带来了政治红利，但从中期来看会产生负面的经济后果。

相比之下，巴西和阿根廷的温和派（或中左翼）总统从一开始就处于守势，因为他们未能获得绝对多数票，在国会中也是属于少数派。例如，内斯托尔·基什内尔在 2003 年第一轮总统选举中只获得了 22% 的选票，他是在领跑者卡洛斯·梅内姆退出竞选后才当选总统的。在尼加拉瓜和巴西，进步的总统候选人在确定竞选伙伴时，往往会从意识形态角度来选择与他们没有什么共同之处的政治家。在巴西，与福音派政治运动关系密切的何塞·阿伦卡尔曾在 2003 年至 2011 年间担任卢拉的副总统，意识形态立场不确定的米歇尔·特梅尔是迪尔玛·罗塞夫总统的副总统。特梅尔和福音派政治运动在弹劾罗塞夫中发挥了重要作用。同样，阿根廷的基什内尔政府与崇尚庇隆主义的省长和其他一些地方权力掮客结成了政治联盟，因为他们在政治上比反对派更可靠，但缺乏对变革目标的信念。总的来说，21 世纪拉美的中左翼总统在其基本立场上有所缓和，这是一种务实战略，目的是为了调和或安抚右翼政客。最终，他们为打造一种被许多左翼人士视为机会主义的联盟付出了沉重的代价。

三、对模式的批判

批评拉美左翼政府的人认为，左翼政府推行的政治和经济模式或所谓"主义"（尤其是民众主义、社会主义和新发展主义），都遭遇了历史性的失败。卡斯塔涅达等人指出，委内瑞拉、玻利维亚和厄瓜多尔的激进左翼政府是胡安·多明戈·庇隆和热图里奥·瓦加斯的经典民众主义的倒退。根据卡斯塔涅达等人的这一推论，查韦斯的民族主义言论与庇隆的言论十分类似，都"可以毫不费力地把民族主义定义为反对美帝国主义"，但这样做实际上会破坏这些国家与其重要的外国市场的关系。卡斯塔涅达等人还认为，21 世纪的拉美左翼政府，就像 20 世纪 40 年代的庇隆主义一样，是注定要失败的，因为这些左翼政府能否成功挑战一个强大国家，取决于他们国家的出口产品能否永久地获得有利的国际市场。[①] 出于同样的原因，考虑到国家收入具有周期性的不稳定，加上政策的随机性、效率的低下和浪费等，那些备受赞誉的"左翼民众主义"政府的社会计划在本质上是不可持续的。据称，左翼民众主义所造成的灾难性影响要比右翼新自由主义风格的民众主义（或称新民众主

---

① Jorge G. , Castañeda, Marco A. Morales, and Patricio Navia, "Resilient Nationalism in the Latin American left," pp. 92 – 101 in Jorge G. Castañeda and Marco A. Morales (eds.), *Leftovers: Tales of the Latin American Left*. New York: Routledge. 2008.

义）所造成的影响更加持久和根深蒂固。

在 21 世纪的第二个十年里，随着经济衰退和政治冲突的加剧，粉红色浪潮的反对者和批评者甚至把民众主义标签贴在中间偏左的政府身上，而这些政府是不会给自己贴上社会主义这一标签的。例如，乌拉圭反对派的一些成员（包括几位前总统）倾向于将温和派的"广泛阵线"政府贴上"民众主义、专制和煽动性"的标签。

批评"粉红色浪潮"政府的非左翼人士认为，这些政府实施的所谓"社会主义"政策，应为 2008 年后国际大宗商品价格下跌所导致的经济困难的加剧负有责任。为美国媒体研究中心（Media Research Center）和《国家评论》（National Review）等右翼出版物撰稿的权威人士对主流媒体无法看透南美洲左翼国家的社会主义本质提出了批评。根据这种说法，媒体回避了将委内瑞拉归类为社会主义国家，而选择使用不太含有贬义的"民众主义"标签，或者更糟糕的是，将其直接描述为福利主义国家。这种右翼色彩的批评忽略了这样一个事实：私有制在这些"粉红色浪潮"国家的经济中始终占据着主导地位，因此，尽管政府作出了各种承诺，并发表了各种言论，但这些国家几乎都不是社会主义国家。在某些情况下，对 21 世纪拉美社会主义的批评掩盖了对凯恩斯主义国家干预经济模式的批评，而凯恩斯主义模式是所有"粉红色浪潮"政府的经济政策的基本特征。

许多人认为，拉美左翼政府的问题源于其经济模式的内在矛盾、缺陷和不可操作性，因此，这些政府必然会垮台。这一看法与过去一个世纪（右翼）对社会主义的批评极为相似。他们指出，苏联的经历及其在 1991 年的灭亡证明，社会主义制度本质上是不民主、低效和不可持续的。但是，我们在研究拉美左翼掌权的背景、复杂性及其务实的民众主义政策所带来的具体错误后，可以发现，左翼政府面临的困境不是不可避免的。

厄瓜多尔前总统候选人阿尔贝托·阿科斯塔等人认为，"粉红色浪潮"政府是属于新采掘主义政府。新采掘主义模式被认为是在历史上已经破产的模式，因为它沿袭了20世纪下半叶的发展主义的传统，忽视了对依赖性和生态环境的关切。还有人认为，"粉红色浪潮政府"类似前几年的新自由主义政府，因为它们强调初级商品的生产和出口，而不是热衷于以多元化的国内市场为基础的进口替代战略。此外，与新自由主义不同的是，新采掘主义加强了国家的作用，特别是政府在促进社会项目方面的作用。然而，有利于穷人的社会政策使人们忽视了资源采掘对经济和生态造成的负面影响，而且似乎还在一定程度上增强了新采掘主义政府的合法性。

在对新采掘主义政府的批判中，一些左翼学者重申了安德烈·岗德·弗兰克提出的"欠发达的发展"。[①] 换言之，当大宗商品繁荣结束时，第三世界国家获得的巨额财政收入居然没有创造任何进步。这种对"粉红色浪潮"政府近期遭遇的一连串失败的解释是基于这样一种假设：21世纪的拉美经济体被困在全球资本主义的逻辑中，并与全球资本主义密不可分。因此，那些未能与资本主义制度进行彻底的革命性决裂的改革计划是注定会失败的。

支持新采掘主义论点的左翼批评者，提出了一些与经济和生态有关的问题及缺陷。他们还说，左翼政府实施的进步性政策不会产生长期的积极效果，这样的说法言过其实。更为重要的是，促进公众参与决策并将被排斥的群体融入进来和赋予他们权力的社会方案，可以说是一种不可轻易逆转的进步。构成马克思主义思想基础的整体观认为，这种性质的文化变化往往与社会的转型过程有着密

---

① 安德烈·贡德·弗兰克（Andre Gunder Frank，1929—2005年），生于德国，后移居美国和加拿大，是依附论的主要代表人物，也被视为左翼学者，曾在欧洲、美国、加拿大和拉美的多所大学任教，研究领域涉及历史、发展经济学、社会学、政治学和国际关系。他的代表作之一《白银资本：重视经济全球化中的东方》已被译成中文后在中国出版。——译者注

不可分的关联，但也有人仅仅在伦理基础上评价社会项目，甚至仅仅将其视为政府提供的恩惠。那些研究新采掘主义的学者未能区分新自由主义政府和进步政府对采矿业采取的不同方法：后者常常满足当地社区的一些基本需求，前者则做不到。

最后，在从左翼视角进行分析时，需要强调的是，2008 年后，当经济出现严重的萎靡不振时，许多"粉红色浪潮"政府拒绝实施紧缩措施和其他新自由主义政策，拒绝将新自由主义作为挽救经济低迷的补救措施。这一点经常被研究新采掘主义的学者忽视，因此他们强调的是政策的连续性，而不是政策的变化。在阿根廷总统克里斯蒂娜·基什内尔的第二任期，当经济状况恶化的时候，她拒绝了秃鹫基金的要求，实施了外汇管制，将阿根廷国家石油公司（YPF）和养老金制度实施国有化，并加强了对中央银行的严格控制。[①] 这种果断措施显然不同于 20 世纪 50 年代的庇隆政府和迪尔玛·罗塞夫所采取的政策。庇隆政府和罗塞夫政府在面临紧迫的经济困难时都放弃了进步的立场。

四、务实和民众主义策略

"粉红色浪潮"政府采取了一种自相矛盾的做法，把务实的政策与民众主义政策合在一起实施，以应对反对党的顽固敌意和经济崩溃的可能性（2003 年卢拉当选时就是如此）。其中一些政策与这些领导人上台之前捍卫的左翼立场背道而驰。把务实的政策与民众

---

① 通过低价收购陷入金融危机的国家的违约债券，然后进行司法诉讼，以谋求高额回报的风险基金，被称为"秃鹫基金"。2001 年阿根廷金融危机爆发后，约 92% 债权人接受债务重组，但以美国券商为首的"秃鹫基金"拒绝接受重组，同时通过美国司法渠道试图向阿根廷全额追索。2012 年 11 月 21 日，美国联邦法院法官作出裁决，要求阿政府向包括"秃鹫基金"在内的不接受债务重组的债权人偿还 13.3 亿美元债务。阿根廷拒绝支付违约债务。——译者注

主义政策合二为一，对于"进步"的资产阶级的生存、"粉红色浪潮"政府实施的社会项目的多样性以及时机的把握，具有十分重要的意义。

在"粉红色浪潮"政府成立之初，左翼认识到，如何确定与国家的经济利益息息相关的目标和战略，具有十分重要的意义。由于世界范围内的情况发生了变化，因此左翼在 20 世纪积累的许多经验价值不大。从 20 世纪 20 年代早期的共产国际开始，共产主义者和其他左翼势力一直坚持"民族资产阶级"的概念，因为民族资产阶级可能会成为反帝运动的一部分，甚至会高举民主和土地改革的进步旗帜。然而，在 20 世纪后期，尤其是在全球化的初期，当国家的经济利益与跨国资本更加紧密地联系在一起的时候，拉美的左翼势力基本上放弃了团结"民族资产阶级"的战略。

总的来说，学者和政治活动家对左翼的认识出现了两种思路。一些左翼人士（我称之为"第一派"）认为，拉美占主导地位的商业部门已经完全融入了世界资本主义结构中（尽管它不一定如同依附论学者假设的那样处于从属地位），因此，这个部门完全支持现状和现有的制度。另一个学派（我称之为"第二派"）同样否认拉美资本的独立作用，主张实施深远的变革，但这些学者也指出，拉美资本与跨国资本之间存在着紧张而冲突的关系，用克劳迪奥·凯茨的话来说就是一种"敌对的合作关系"。① 上述两种不同观点的根源在于，本国资产阶级中的哪一个阶层能够被中立，甚至被争取过来，以支持"粉红色浪潮"政府和促进国家的经济发展。那些认为拉美的资产阶级与国际资本主义有着千丝万缕联系的人（第一派），他们在这个问题上的看法比较悲观。

---

① Claudio Katz, "Dualities of Latin America." *Latin American Perspectives* 42（4）：10 – 42. 2015.

与上述两个学派呼应的是"粉红色浪潮"政府和左翼运动中的两种浪潮。第一种浪潮（受第二派的影响）倾向于与商界结成"战术"联盟（不要将其与20世纪大部分左翼人士倡导的以反帝为基础的"战略"联盟混为一谈），以实现有限的目标。坚持这一立场的人，愿意将私人部门中潜在的盟友视作"建设性的"企业家，而非"进步"的或"反帝"的人。第二种浪潮（受第一派的影响）对本国资产阶级的所有阶层都表现出高度的不信任，尽管他们中的一些人与这个阶级的主流阶层格格不入，这个阶级的主流阶层公开地表示要与政治反对派结成联盟。

许多学者认为，大企业家对"粉红色浪潮"政府来说是不可靠的盟友，它们结成的这种"战术"联盟被证明是极其脆弱的。2008年的全球经济危机之后，当经济衰退的迹象削弱了民众对政府的政治支持时，那些"友好的"商人开始弃船而逃，并采取了不妥协的立场。例如，罗塞夫总统在第二任期开始时就遭到了弹劾，那些受到政府优待的商人撤回了对罗塞夫的支持，私人部门也抛弃了罗塞夫，尽管她突然转向了右翼势力，选择了这个国家最大的私人银行的最高执行官作为财政部部长，并实施了财政紧缩政策。

五、"粉红色浪潮" 政府实施的多种多样的社会项目

"粉红色浪潮"是拉美独一无二的现象，体现了已经实施的具有民众主义性质的社会发展项目的多样性。这些项目数量很多，有新意，各有千秋，因此，我们只有对其进行分类后，才能确定其积极面和消极面，从而加深理解其实施的效果。从积极的一面来看，这些社会发展项目促进了边缘化人群的权力感、融入感和参与感。在实现所有三个目标的多种方式中，最重要的是依靠社区组织和其他一些机制。这些组织充满了活力，以不同的形式快速发展。委内

瑞拉的社区委员会（consejos comunales）、尼加拉瓜的公民权力委员会（consejos del poder ciudadano）和玻利维亚的艾柳（ayllus），就是这样的组织。① 政府鼓励民众的参与，用这种方法把边缘化的阶层纳入政治目标。在委内瑞拉、玻利维亚和厄瓜多尔等国，这一目标已经被写入新宪法。

有人从左翼的角度出发，对新采掘主义表现出好感。但他们认为，社会项目未必在缓解贫困方面发挥了作用。还有一些人虽然看到了社会项目取得的经济进步（与非"粉红色浪潮"的拉美国家的糟糕记录形成鲜明对比），但他们在很大程度上忽视了这些项目对社会和文化转型产生的影响。有些非左翼人士以贬义的民众主义视角分析社会项目，其实他们并没有彻底理解民众主义政策和实践造成的各种各样自相矛盾的后果。② 这些分析人士一再强调，拉美左翼政府大量免费发放商品或提供价格补贴是一种家长式体制，这种体制在本质上是不可持续的。此外，他们还将过去 10 年的经济恶化归咎于"民众主义"政策，因为这些政策几乎耗尽了前 10 年从大宗商品繁荣中意外获得的收入。

在分析社会发展项目时，对民众主义作出贬损的定义是徒劳的。我们应该将这些社会项目和政策分门别类，然后再对其产生的积极和消极影响进行评估。在面临重大政治挑战时，进步政府应该作出什么样的选择？在回答这一问题时，我们应该对涉及社会政策的民众主义给出一个更宽泛的定义。虽然那些对经济发展毫无贡献或与之毫无关系的社会项目和政策可能被归类为"民众主义"，但宣扬家长式作风的社会计划和政策则可以被描述为"粗陋的民众主义"。左翼政府在面对咄咄逼人的反对派时，只要不实施与"粗陋

---

① "艾柳"是印加帝国遗留下来的一种基层社会经济组织。——译者注
② 有些非左翼人士表面上是在批判民众主义，但实际上是在攻击左翼。——译者注

的民众主义"有关的政策，就完全有理由采取民众主义的策略（例如对基本商品实行适度补贴）。

六、时机的重要性

不出所料，要求维持现状的人肯定是会抵制左翼政府的，而"粉红色浪潮"政府肯定会反击他们的进攻。但是，在一定程度上，为了反击他们的进攻而采取的政策，最终酿成了各种各样的社会和经济问题，从而破坏了左翼运动的计划和目标。这方面的例子包括与一些私人部门达成心照不宣的联盟。这种联盟助长了腐败，而且还使左翼政府对私人部门作出了一些不利于变革的让步。针对反对派咄咄逼人的态势，"粉红色浪潮"实施了某些民众主义计划，但这些计划阻碍了经济发展，加剧了政府与民众之间的庇护关系。

在每一届"粉红色浪潮"政府执政期间，总会出现一些有利于纠正错误的时机。在其统治的鼎盛时期，左翼当政者往往拥有足够的政治资本，对执政党内某些根深蒂固的集团以及公共阶层的短期利益采取大胆而必要的行动。在这种情况下，左翼总统有能力为有争议和有风险的行动付出一定的政治代价。这些有望产生积极的、长期影响的行动包括打击腐败和官僚主义、实现政党的民主化以及进一步深化改革进程，等等。相比之下，20世纪的一些进步政府（如智利的阿连德政府和尼加拉瓜的桑地诺主义政府），则处于各种力量的包围之中，而且执政时间短，因此几乎没有什么选择余地。

"粉红色浪潮"政府也许能在很长一段时间内掌权。在此期间，他们可以利用选举和非选举获得的胜利，巩固自己的政治影响力。在委内瑞拉，反对派在2004年的总统罢免公投和2006年的总统选举中遭遇惨败，当时查韦斯以63%的得票率当选，这是该国总统在现代民主时期所获得的最高得票率。[①] 玻利维亚总统莫拉莱斯在批准国家新宪法后加强了对权力的控制，在2009年以64%的得票率再次当选。与此同时，他代表的"争取社会主义运动党"在国会两院赢得三分之二的多数席位。巴西总统卢拉在2006年以超过60%的得票率再次当选总统，这标志着他所在的劳工党的社会支持基础向该国广受欢迎的北部地区转移，这在很大程度上得益于"家庭补助计划"和其他社会发展项目的实施。这一切无疑为实现左翼的远大目标和消除民众主义及务实政策的负面影响提供了不可多得的机会。

如果我们关注各国的背景、特殊性和时机的把握等因素，我们不能说拉美民主政府的垮台是一个定局。一个反决定论的论点似乎特别适用于粉红色浪潮政府：与20世纪的进步政府（如智利的阿连德政府）相比，今天的"粉红色浪潮"政府执政的时间较长，政权相对稳定和强大。这一切是20世纪的进步政府无法获得的良机。

七、结束语

综上所述，我们可以得出以下结论：第一，针对反对派咄咄逼人的态势，左翼政府对企业界的不同团体采取了务实的策略，对民众则采取了民众主义的政策。第二，反对派的相对力量及其攻势，与左翼政府政策的偏差（尤其是属于"粗陋的民众主义"的那些

---

① 根据委内瑞拉宪法的规定，民选官员和国会议员任期至半时，选民可用20%的选民联署签名，申请举行罢免公投。2003年11月28日至12月1日，反对派举行收集签名活动，以申请罢免总统查韦斯的公投。在2004年8月15日举行的罢免公投中，查韦斯获胜，继续执政至2007年1月任期结束。——译者注

务实政策）有一定的关系。第三，如果政治因素迫使进步政府作出必要的让步和倒退，那么政治舞台上的博弈就能为变革进程的推进创造条件。制服反对派，同时获取政治上的收益，是实现持久变革的必要条件。第四，当"粉红色浪潮"政府占据上风时，由此而来的相对稳定能为它提供一个纠正政策失误的良机。第五，稳定以及左翼的政治力量可以使以下四个目标的实现成为可能：（1）打击腐败和精简官僚机构；（2）使执政党与国家分离，并建立基层参与决策的机制，以深化民主；（3）加快结构性转型，如对战略部门征用等；（4）进一步削弱不忠诚的反对派。

"粉红色浪潮"政府在执政初期的主要障碍是政治性质的，并不是因为它们提出的建议不可行。因此，能否实现长远目标，取决于它们能否削弱激进的或不忠诚的反对派的力量。为了巩固政权和实现稳定，左翼政府作出了妥协和让步。消除由此而来的负面影响的最佳（可能也是唯一）时机，是在它们占上风的时候。

（原载《拉丁美洲透视》杂志 2019 年第 1 期）

拉美的新左翼政治经济学

梅根·皮卡普

加拿大独立研究人员

【内容提要】新左翼（或后新自由主义）在拉美的崛起使该地区的政治经济格局发生了重大的转变。拉美的新左翼政权的确立通常被理解为工人阶级和穷人战胜了前政权奉行的仅仅使跨国资本受益的新自由主义政策。换言之，新左翼在选举中取胜，被视为该地区新自由主义失败的产物。新左翼政府政策的核心是基于这样一种信念，即市场不应独善其身，国家在调节经济、增加政治参与和分配经济利益方面应该发挥关键性的作用。它们关心公平和社会福利，减少不平等，力图将社会公民身份扩展到那些以前被边缘化的群体。由于新左翼政府对社会政策进行的前所未有的干预使不平等现象大幅减少，因此，联合国拉美和加勒比经济委员会指出，不平等现象正在下降。新左翼政府对国家职能的概念化的看法与新自由主义的"处方"形成了鲜明的对比，后者试图通过减少社会服务来削弱国家的作用。然而，与此同时，新左翼政府却并没有远离市场导向型和出口导向型的增长模式。为了推动社会发展，新左翼政权利用大宗商品价格高涨带来繁荣。因此，这些政府十分重视采掘主义，严重依赖于自然资源的开发。当然，如果这些社会发展计划的实施没有伴随生产部门出现的相应的持久性变革，那么经济命运的任何变化都必然意味着再分配计划不能以同样的资金水平维持下去。大宗商品价格下跌削弱了这些政府的生存基础。还应该注意的是，原来支持新左翼并将其推上权力宝座的团体，后来却动员起来，反对这些政权。因此，左翼内部出现了分裂。

自 20 世纪 90 年代以来，新左翼（或后新自由主义）在拉美的崛起引发了许多讨论。显然，随着智利、巴西、厄瓜多尔和玻利维亚等国进步政府的当政，拉美政治发生了重大的转变。这种转变代表着结构主义思想的回归吗？在结构主义思想中，各国政府试图通过进口替代工业化来纠正结构性失衡，还是以新的面貌来延续新自由主义政策？这对政治、经济和整个社会有什么影响？在对拉美左翼的未来进行辩论的背景下，这些问题会变得更加紧迫。尽管最初的讨论集中在拉美是否已经走到了这一"进步周期"的尽头，但在 2016 年巴西总统迪尔玛·罗塞夫遭到弹劾、2015 年毛里西奥·马克里在阿根廷赢得选举胜利之后，至 2017 年年初，这场辩论似乎基本上尘埃落定。最令人担忧的是，既然新自由主义模式看起来已经无用了，那么接下来会发生什么？2017 年 11 月至 2019 年 11 月期间，该地区进行的 14 次总统选举能提供一个重要信号，能显示两极分化的程度、民众主义和反建制政治的说服力度以及福音派的制度力量。然而，要理解这场危机，尤其是左翼执政的前景，还应该对这些政权有更全面的了解。

在本文中，我将考察的是：什么样的政治经济支撑了拉美的新左翼政权？国家和社会的动力是如何变化的？我同意其他学者的观点，即采掘主义和对初级产品的依赖在更普遍意义上构成了新左翼政权的经济基础。虽然这与拉美历史上的其他时期有着明显的连续性，但我认为，新左翼政府在制定目标和政策方面严重背离了过去的做法，因为这些政府在经济中扮演着更具干预主义的角色，从而使其与劳工和社会运动保持密切的联盟关系。

我的目标是考察后新自由主义模式特有的社会和经济之间的相互依存关系对资本、国家和社会利益究竟意味着什么。我指出了这一时期所发生的一些关键变化：例如，在获取资源的过程中，国家发挥了更直接的作用；社会福利项目的扩大使得社会具有更大的包容性；许多区域受到了资源开采的负面影响并被排斥；采掘资本的影响力在增强；中国成为拉美的主要合作伙伴。

我认为，为赢得某些商业部门的支持而追求更"务实"的政策，与旨在将以前被边缘化的群体纳入其中的更具"民众主义"色彩的政策是水火不相容的。虽然我认为这一现象适用于所有新左翼政权，但我也讨论了这些政权之间的差异。如在玻利维亚和厄瓜多尔，政府对土著社区采取了一些进攻性的行为，这是民族主义意识形态与采掘主义相结合的结果。这些特征产生了许多失误，包括经济政策被误导、在左翼之间制造分裂以及右翼逐渐变得强硬。尤其重要的是，新左翼政府已经看到许多团体对其支持的瓦解，包括那些曾经被视为其坚定支持者的团体，从而加剧了社区内部的冲突。右翼势力正在朝着几个方向发展，其中包括使用制度性机制和动员策略，甚至还发动"硬"和"软"的政变。这些结果是驱动新左翼政府的特殊利益发生相互作用的产物，显示了长期以来阶级和解政策的缺失和不足。

在下文中，我将简要概述新左翼政权，并建立一个框架来解释支撑其利益配置的架构。然后我将分析国家与劳工、国家与资本之间的相互作用关系，以阐明新左翼计划中的排斥和包容。在描绘这些政权的资源依赖模式时,我试图分析各种利益的转移方式,这些利益是务实主义和民众主义政策共同追求的结果,也是出现重大分歧的地方。我还研究了这种主流的政治经济学带来的政治变化。新左翼政府俨然变成了"补偿性国家",即利用资源租金来资助社会项目,赋予采掘业活动以合法性。① 除了指出社区内部以及社区与国家之间发生的冲突以外,我还谈到了国家与资本之间的紧张关系和利益的重合问题。

一、拉美的新左翼政治

21 世纪拉美左翼领导人在选举中获胜引发了一场讨论,讨论的问题是该地区正在见证一支什么样的力量以及它为什么会出现。毫无疑问,左翼与新自由主义时期既有连续性,也有断裂。新左翼政府的特点是关心公平和社会福利。新左翼的主要目标是减少不平等,从而将社会公民身份扩展到那些以前被边缘化的群体。简而言之,这些政府的政策核心是基于这样一种信念,即市场不应独善其身,国家在调节经济、增加政治参与和分配经济利益方面应该发挥关键性的作用。这种对国家职能的概念化的看法与新自由主义的"处方"形成了鲜明的对比,后者试图通过减少社会服务来削弱国家的作用。然而,与此同时,新左翼政府却并没有远离市场导向型和出口导向型的增长模式。

这一转变的许多影响将在下面进行详细介绍。值得注意的是,对改革或改革不力的批评意见已经开始出现。有人把自然资源采掘的中心地位描述为既是一种经济工具,也是一种政治工具。他们认

---

① 补偿性国家(compensatory states)是指左翼政府常用国家的资金为低收入阶层提供各种各样的财政补贴。资源租金(resource rents)就是通过出口初级产品来获取的收入。——译者注

为，在商品价格有利的情况下，对初级产品出口收入的依赖是增加社会福利项目的根本基础。换言之，新采掘主义的困境是，国家扮演了更大的角色，但其负面影响（尤其是对环境和社会方面的影响）很大。与此同时，考虑到采掘主义带来的利益正在被重新分配，因此，资源采掘可能被视为更合理的做法。该模式面临着多方面的挑战，特别是许多人对资源开采带来的收益与付出的成本有不同的意见，包括对生态环境破坏和社会混乱的不同看法。新左翼政权可能在某些方面更具包容性，但它们也会制造新的排斥或延续原来的排斥现象。

本文试图采用弗里登和马丁提出的国际经济政策的国内政治分析法。[①] 他们认为，这种分析法包括三个主要步骤：明确经济利益、描述这些利益的组织结构、研究利益是如何通过政治机制来进行调解的。在整个过程中，我们需要认识到，各种变量会随着利益的变化而变化，其组织体制也会随着议题的变化而发生变化。因此，从根本上说，新左翼政权在选举中取得的成功，不仅标志着政策制定的掌舵人发生了变化，而且还标志着各群体的代表性发生了变化。这种新结构的性质当然可能会促进政策的变化，但我们不能由此假定这种连续性的出现意味着支持左翼的基础也会保持不变。新自由主义政府和后新自由主义政府的经济政策体现出明显的连续性，这一连续性可能掩盖了它们的潜在利益结构的重要转变，从而对各群体之间的政治分裂和决策环境产生了一系列后果。此外，由于这一架构是经常变动的，因此，有些变化在选举之前就已经出现了。

最后需要指出的是，在福利国家体制下，这种方法很难发生变

---

① Jeffry Frieden and Lisa Martin, "International Political Economy: Global and Domestic Interactions," In Ira Katznelson and Helen V. Milner (eds.), *Political Science: The State of the Discipline*. New York: W. W. Norton. 2003.

化，因为人们不愿意去研究这个国家的阶级构成，而是倾向于认为，政策主要是有利于工人阶级的，或者说，这一政策是右翼政党被消灭后的产物。下面的讨论将介绍新左翼政府特有的国家与劳工之间的特殊关系，同时也会格外关注劳工与国家之间的互动方式。

二、国家、劳工和其他

拉美新左翼政权的确立通常被定位为工人阶级和穷人战胜了前政权奉行的仅仅使跨国资本受益的新自由主义政策。新左翼政府是否因此而成功实施了包容性政治和参与性政治？新左翼是在广泛的社会组织基础上掌权的，并在支持这些社会群体方面实施了重大变革，但这些政府倾向于保持中央集权，从而限制了他们对更具参与性的模式的实验。

拉美的各种社会团体都抗议新自由主义，因此，新左翼在选举中取胜，被视为该地区新自由主义失败的产物。委内瑞拉的玻利瓦尔运动是这方面的第一个例子，它代表了一个联盟，表达了对"蓬托菲霍主义"的不满。[①] 有组织的劳工在左翼掌权中的作用是至关重要的。例如，巴西的卢拉·达席尔瓦和玻利维亚的埃沃·莫拉莱斯都曾是工会领袖。有趣的是，虽然工会组织在本质上对选举胜利至关重要，但工会的权力之所以能强化，却是因为左翼政府创造的条件使工会与国家的合作更加紧密。

因此，拉美国家的劳工制度发生了一些重大变化，如劳动关系得到调整，失业者受到了保护，劳动力市场进行了改革。从 2004

---

① 蓬托菲霍主义（puntofijismo）是指委内瑞拉政党在 20 世纪中叶达成的一种政治协议。为确保 1958 年 12 月举行的总统大选顺利进行，委内瑞拉的三大政党于 1958 年 10 月在蓬托菲霍城达成了一个如何尊重民主选举结果以及如何分配大选后的权力的《蓬托菲霍协定》。——译者注

年开始，该地区的失业率出现了下降的趋势，就业率从 2003 年的
52.6% 上升到 2007 年的 54.7%。其他方面的指标得到改善，如正
规就业在扩大，贫困水平不断下降。在整个拉美地区，政府加大对
劳工制度的干预的例子可以说比比皆是：在委内瑞拉，在西尔多钢
铁公司被收归国有前，集体谈判充满了冲突；在阿根廷和委内瑞
拉，政府采取了措施，防止经济危机期间裁减员工。然而，这些关
系必然造成一些紧张状况。委内瑞拉的一些劳工领袖声称，政府对
工会和查韦斯运动采取了一些抵制性的措施。①

　　劳工团体是左翼掌权者的一支重要支持力量，但其社会基础并
不局限于工会或其他传统的团体。在多种因素的影响下（如新自由
主义倡导的市场化改革导致非正规化程度越来越高），政党与劳工
团体之间的关系的重要性在下降，而各种民间协会的影响力则日渐
上升。在导致中左翼政权崛起的动员活动中，有组织的城市工会和
学生扮演了一个次要角色。在巴西、智利和委内瑞拉，左翼支持者
参加工会的可能性并不大。因此，社会运动和公民社会组织在推进
政治变革中的贡献常被忽视。尤其在玻利维亚和厄瓜多尔等国，阶
级是不允许被用来掩盖土著人身份的。然而，尽管这一点可以得到
很好的理解，但基于阶级的分析仍然是有启发意义的。事实上，阿
根廷的"拦路者"就是这样一个群体，他们的身份多种多样，因为
他们不仅反对失业，而且还对更广泛的社会关系提出了质疑。② 通
过这些方式，新左翼政权的群众基础比福利国家拥有的那种国家和
劳资关系的基础更广。

　　拉美政治精英推出的改革同样是自上而下的。新左翼政府用

---

　　① 在委内瑞拉，并非所有工会组织都是支持政府的，因此，政府会对这些批评政府的工会
组织采取一些不合作的措施。——译者注

　　② "拦路者"（piqueteros）是那些在交通要道上用烧汽车轮胎或设置障碍物等方式堵塞道
路的示威者，其目的是要表达对政府的不满。——译者注

国家来进行分配和再分配。这方面的例子是：有条件的现金转移支付（如巴西的"家庭补助金方案"）、阿根廷的"家庭计划"、提高最低工资和改善劳工权利（如巴西、阿根廷）以及提供自来水等基本需求（如玻利维亚、乌拉圭），等等。此类政策的基础基本上是维护传统的庇护主义，即国家照顾人民。根据这些在政治领域广泛存在的项目，在满足一定条件时，母亲能获得现金支持，但这一种做法产生了惩戒穷人的负面作用。① 此外，这些政策不仅没有赋予妇女权力，反而继续提倡保守的妇女观念（即拥有一种作为"母亲"的单一身份），甚至将贫穷与妇女不履行其母亲职责（如带孩子去看医生）联系起来。然而，考虑到历史上拉美劳工受社会保障覆盖的范围有限，因此这种照顾范围的扩大是十分了不起的。

一些拉美国家还尝试了更多的提高民众参与度的实验。这意味着，它们将从根本上打破国家主导劳动力市场监管和再分配的过程。类似的项目包括巴西和委内瑞拉社区委员会的参与式预算，这些项目试图通过促进更具包容性的决策形式来增强地方一级的民主。然而，这些项目的效果却是十分矛盾的。社区理事会由公民大会管理，并将其他社会团体召集在一起。它们直接与行政部门合作，使之成为政府向地方一级提供资金的主要渠道。然而，这种对参与的关注是随着行政权力的加强而发生的，这使人们更加担心，对民主的限制实际上是在增加的。的确，政府实施这种鼓励公众参与的制度化并非一帆风顺，要实现某种程度的结合是非常复杂的。在鼓励更多人参与这个问题上，国家也可能表现出一定的选择性。查韦斯政权中的某些派别一直反对在石油等"战略性"行业中采用国家与工会共同管理的方法。

---

① "惩戒穷人"指的是穷人为获取政府的现金补助而被迫服从有关规定。——译者注

　　自上而下的试验不同于扩大民众参与度的试验。两者之间的差异体现了不同的新左翼政府具有的根本性区别。然而，自从卡斯塔涅达对"好的"社会民主国家和"坏的"民众主义国家进行有争议的区分以来，究竟将谁归类在一起，根据什么标准，一直存在着争议。[①] 例如，莱维茨基和罗伯茨结合政党的制度化程度和政治组织的权力架构（即权力是分散的还是集中的）这两个维度，提出了左翼执政党的分类。[②] 他们认为，这些维度的不同组合产生了各种类型的政策取向。例如，为了实现民主，可以选择自由民主（有效制度化的多元主义），也可以选择全民公决，即在没有调解机构的情况下直接拉拢民众。这两种方式的差异的根源，与左翼掌权的条件有关，即民主化的实验与新自由主义的实验不同。为了区分这些政权，常常要关注其政治组成成分，因此有必要对它们的经济模式作进一步的讨论。劳工与国家的关系一直是新左翼的关键特征，但是，如上所述，对左翼的支持并不局限于传统的工会。不管这种关系的形式如何界定，所有这些行为者都无法阻止国家掌控全局。

三、国家与资本的关系及"新采掘主义"

　　关于私营部门在后新自由主义变革中作用的研究明显缺乏。在这里，我想探讨以下问题：这些选举变化对私营部门与国家资本的关系意味着什么？这些政权的经济基础是初级产品部门，因此，国

---

① Jorge G. Castañeda, "*Latin America's left turn*," in Foreign Affairs, May-June. 2006. https://www.foreignaffairs.com/articles/south-america/2006 – 05 – 01/latin-americas-left-turn（accessed August 29, 2018）.

② Steven Levitsky and Kenneth M. Roberts, "Introduction：Latin America's 'left turn'：a framework for analysis," pp. 1 – 30 in Steven Levitsky and Kenneth M. Roberts（eds.）, *The Resurgence of the Latin American Left*. Baltimore：Johns Hopkins University Press. 2011.

家会更多地介入这一部门，并在与采掘工业的精英阶层发生关系时表现出一定的自主权。特别是随着中国和其他非传统国家出现在拉美，这些行为者的身份特征也发生了变化。罗萨莱斯认为，对新左翼政府目前还没有一个全面的政治经济学分析。① 如果将他的论点扩展到委内瑞拉、厄瓜多尔和玻利维亚以外的国家，我们可以看到，新左翼政权更普遍地依赖于政府与有影响力的私营部门之间的妥协，特别是政府与采掘业和初级产品部门之间的妥协。研究两者之间相得益彰的关系，可以说是一个重要的起点，因为这样的相得益彰不仅强调了新左翼得以生存的政治经济的特殊性，而且也有助于我们理解为什么这些左翼政府越来越不稳定。在此我想表明，对自然资源的依赖是这些新左翼政权的共性，体现了新自由主义的一种连续性。最后一部分的重点是了解这些政权垮台的可能性和一些遗留问题。这一可能性是务实政策和民众主义政策相结合的结果，因为经济政策限制了社会政策领域可能取得的进步。

自然资源开采一直是后新自由主义的核心要素。在厄瓜多尔，科雷亚总统一直寻求加强国家对石油的控制，包括在 2007 年对《碳氢化合物法》进行修改，以便对这一行业实施部分国有化。虽然这一过程在某些具体案例中更加明显，因此也就吸引了更多的关注，但资源采掘的重要性似乎在新左翼掌权的所有国家都很普遍。奈姆·辛格的研究表明，在玻利维亚、厄瓜多尔和委内瑞拉发生的一切有许多相似之处。虽然他对智利和巴西在新自由主义改革方面的经验和实验进行区分时十分小心翼翼，但他力图证明，这两个国家在对石油部门（巴西）和铜矿产业（智利）进行国家干预时，

---

① Antulio Rosales, "Going Underground: The Political Economy of the 'left turn' in South America," 34: 1443 - 1457 in *Third World Quarterly*. 2013.

能与市场友好政策保持平衡。① 智利追求这种平衡策略的目的是努力吸引更多的外国投资，同时又通过智利国家铜业公司对这一部门进行管制。这一点在智利总统巴切莱特希望将部长们从国家铜业公司董事会中除名的呼吁中可见一斑。此外，这些政府不仅坚持推动采掘资源的开发，而且还监督其扩张活动，甚至厄瓜多尔、玻利维亚和委内瑞拉也是这样做的。例如，厄瓜多尔一直主张扩大安第斯山脉的露天采矿。

毫无疑问，在这些案例中，政府的介入程度是不同的。与委内瑞拉、厄瓜多尔和玻利维亚相比，巴西和智利的政府行动较为犹豫不决。管理资源采掘业的方式之所以有变化，主要是受到了政府的政治项目的影响。采掘部门在新左翼政府的项目中显得尤为重要，因为民众要求结束新自由主义，所以十分关注与资源管理相关的议题。结果，国家对天然气和水等资源的控制成了政治意向的重要特征。

资源采掘被认为是一种"经济的再第一产业化"的组成部分。② 事实上，自 2003 年以来，对自然资源的依赖一直是拉美国家的共同特点。例如，在阿根廷，为了促进制造业出口和摆脱对农产品出口的依赖，本国货币一直被低估，但降低出口部门中精英阶层的税收等行动，会巩固其在出口部门中的地位。联合国拉美和加勒比经济委员会的数据表明，虽然一些国家的出口贸易增长不快（如智利和厄瓜多尔）或略有下降（如阿根廷），但在 2000 年至 2013

---

① Jewellord Tolentino Nem Singh, "Towards Post-neoliberal Resource Politics? The International Political Economy（IPE）of Oil and Copper in Brazil and Chile," 19: 329 – 358 in *New Political Economy*. 2014.

② 国民经济分为第一产业、第二产业和第三产业。历史上，第一产业在拉美经济中发挥了重要作用。第二次世界大战后，拉美开始大力发展第二产业，从而使第一产业的重要性有所下降。自 20 世纪 90 年代开始，拉美再次开始大力发展第一产业。因此，拉美经济出现了"再第一产业化"的趋势。——译者注

年期间，初级产品在出口总额中的比重都有显著的增加。如在玻利维亚，2011年和2013年都达到了惊人的96%。更为重要的是，进入该地区的外国直接投资的很大一部分，即43%流向了自然资源部门。中国参与程度的提高在一定程度上说明了这些趋势的发展，因为中国在拉美实施的战略主要涉及石油和天然气。2000年至2011年间，拉美和加勒比地区成为中国直接投资的第二大目的地，自然资源部门（石油、天然气、铜、铁矿石和农业）占其投资的90%以上。韦伯将某些国家在应对全球金融危机时表现出的相对韧性归功于中国作为主要贸易伙伴的作用。

新左翼政府与后新自由主义政府的差别是其与不同类型的资本的关系不同。在与外国资本打交道时，拉美国家声称拥有一定程度的自治权。这方面的例子包括：玻利维亚在2005年颁布石油和天然气国有化法令；查韦斯成立"美洲玻利瓦尔联盟"；巴西呼吁扩大南南关系，以改变与西方的不平等经济关系。当然，在实践中，不同的新左翼国家与外国资本的关系不完全相同。虽然智利对公司税法的修改仍然有利于外国直接投资，但厄瓜多尔的税收法赋予政府99%的石油和天然气投资的控制权。不同的新左翼国家的控制权不尽相同，这一差异与此前新自由主义政策以及促使左翼政府上台的社会运动的诉求有关。因此，毫不奇怪，强烈的民族主义话语总是伴随对资源采掘的重视。

自然资源部门在新左翼政权中的地位，对我们理解支撑这些政权的利益组织提出了一些概念上的挑战。在识别导致权力关系变化的社会力量方面，萨德尔对拉美变革的描述取得了一些重大的进展。[①] 在描述霸权危机时，他指出，将社会政策置于优先地位的政府之所以能够击败那些不讨人喜欢的新自由主义模式的追随者，在

---

① Emir Sader, *The New Mole: Paths of the Latin American Left*, in New York: Verso. 2011.

一定程度上是因为右翼势力特别弱小。尽管新左翼掌握了政权，但采掘业中的精英阶层沿袭了新自由主义时期的利益关系，因此，我们要关注的是，这些精英在这些政权的新发展主义政治经济中扮演了什么角色。关注采掘业的地位是如何发生变化的，尤其是采掘业的精英阶层与国家之间的关系发生了什么变化，可能有助于我们发现什么力量在推动新左翼政权的运作。

区分不同的行为体（国家、国内资本、外国资本）是复杂的。发展主义学者在理解国家与社会的关系时，把官僚行为视为非政治性的。国有企业数量的增多表明，这一观点是有问题的。世界银行在 2014 年发表的一份报告中指出，在许多情况下，国有企业是经济中的战略行为者，而且往往在石油或电力等至关重要的战略部门中占据着统治地位。例如，巴西 147 家国有企业中有 63 家在石油和天然气领域。①

新左翼掌权者的政策取向既支持国际资本，也反对国际资本。在出口导向的驱动下，政府将扩大出口作为融入全球新自由主义经济的一种方式。这种倾向的延续加剧了对采掘活动的依赖。在探讨"新采掘主义"时，彼得拉斯和维尔特迈尔指出，全球资本和拉美国家在寻求增加资源租金的过程中存在着利益上的"不谋而合"。②值得注意的是，更"激进"的左翼国家也是如此。它们认为，资源管理是民族主义项目的最根本的内在要求。例如，在玻利维亚，大多数矿山仍然是跨国公司拥有和经营的，国家只是增加了从中获取收入的份额。由于国内精英阶层更加国际化，加之不同利益集团之间的分界线不是很清晰，因此，所有情况都发生了变化。

---

① World Bank, *Corporate Governance of State-owned Enterprises in Latin America: Current Trends and Country Cases.* Washington, DC: World Bank Group. 2014.

② James Petras and Henry Veltmeyer (eds.), *The New Extractivism: A Post-neoliberal Development Model or Imperialism of the Twenty-first Century?* London: Zed Books. 2014.

尽管如此，在过去的 10 多年里，国际环境也发生了变化，尤其是随着中国的崛起和日益强大。与投资趋势相比，中国与该地区的贸易呈现类似的增长模式。从 2005 年到 2009 年，拉美对中国的出口以每年近23％的速度增长，受益的贸易伙伴包括委内瑞拉、智利和玻利维亚。然而，拉美国家对资源产品的依赖，虽然使其避免了金融危机的影响，但也遭受到意想不到的灾难（如大宗商品价格下跌）。

中国确实为新左翼国家带来了实实在在的政治和经济上的机遇，因为投资和贸易战略与其他形式的合作交织在一起。中国与拉美国家的关系是中国推动南南合作承诺的一部分，这种合作包括在金融、贸易等多个领域建立更密切的互利关系。这一关系可能产生的好处包括基础设施建设的发展，因为基础设施的缺乏长期以来被认为是拉美发展面临的最大障碍。中国在能源和自然资源领域作出了一系列承诺。除此之外，中国还设立了一个 200 亿美元的专项基金，用于为拉美的基础设施项目融资。

自然资源在新左翼政权中的核心地位引发了关于这些国家利益组织方式的概念性问题。这些政府纷纷采取了一些民族主义措施，尽管它们丝毫没有破坏全球资本的影响力。与此同时，由于中国在拉美的立足点不断扩大，一些内外因素也随之发生了变化。在下一部分中，我指出了这些不断变化的社会和经济条件之间的相互依存关系。我认为，务实的经济政策与民众主义社会政策的结合导致一些社会力量不再支持左翼政权。

四、新左翼的弱点

新左翼模式的一些弱点源于这样一个事实：这些政权背后的特殊利益结构促使其追求不相容的政策。左翼政府作出的选择分化了左翼，这一分化以及采掘业中的精英阶层获得的空间，使强硬的右翼获得了潜在的地盘。在有些情况下，国家的特殊性会产生明显不同的结果。

新左翼政权利用大宗商品价格高涨带来的繁荣是不足为奇的。然而，社会发展计划严重依赖于自然资源的开发，因此，后者的任何改变不可避免地会影响到前者。简而言之，如果这些社会发展计划的实施没有伴随生产部门出现的相应的持久性变革，那么经济命运的任何变化都必然意味着再分配计划不能以同样的资金水平维持下去。大宗商品价格下跌削弱了这些政府的生存基础。韦伯认为，大宗商品价格的下跌可能会使阶级冲突浮出水面，尽管此前的政府转移支付使阶级冲突最小化，但这极有可能导致产生两极分化。[①]事实上，今天拉美和加勒比国家的命运已经发生了根本性的逆转，因为中美洲、加勒比地区和墨西哥受益于美国的经济复苏，而阿根廷、巴西和委内瑞拉的经济增长仍然疲弱或虚无缥缈。

原来支持新左翼并将其推上权力宝座的团体，后来却动员起来，反对这些政权。因此，左翼内部出现了分裂。不出所料，后新自由主义政府的上台并没有解决左翼的代表权问题。事实上，拉美民众的异质性可能比以往任何时候都更加明显，因为精英和非精英阶层都对发展愿景提出了不同的看法。例如，在巴西，无地农民运动与劳工党政府划清了界限。正如我在其他地方所论述的那样，无论是在劳工党政府当政时，还是在由费尔南多·恩里克·卡多佐领导的中间派社会民主党政府期间，无地农民运动在政治和经济领域中对抗国家的模式并没有发生显著的变化。事实上，2014 年巴西大

---

① Jeffery R. Webber, "Crisis and Class, Advance and Retreat: The Political Economy of the New Latin American left," pp. 157 – 168 in Lucia Pradella and Thomas Marois (eds.), *Polarising Development: Alternatives to Neoliberalism and the Crisis.* London: Pluto Press. 2015.

选戏剧性地显示了巴西社会的裂痕，左翼和右翼政党以及选民都与执政的劳工党对抗。在弹劾迪尔玛·罗塞夫的过程中，许多人和团体发现自己处于一个两难的境地：反对弹劾（或政变）的人或团体不一定表现出对罗塞夫或劳工党的支持。类似的矛盾在其他地方也很明显。如在厄瓜多尔，科雷亚总统曾与支持他当选的土著人团体发生了冲突，这些团体现在对他的政府不再抱有幻想，并对其提出强烈批评。

在那些把资源民族主义作为重要政策的新左翼国家，国家与土著人之间的冲突以及土著人内部的冲突，都非常激烈。在玻利维亚，低地地区的土著人群体和高地地区的土著人群体之间往往存在着深刻的分歧，前者倾向于反对开采石油和天然气，而后者则得益于这一开采。新左翼的现代性与民族主义的结合被土著人的发展观搞得复杂化了。特别是在厄瓜多尔和玻利维亚，政府对发展提出了批评，这些批评来自诸如"美好生活"等替代概念的提出。[①] 玻利维亚的 2008 年宪法承认"多元民族主义"，这是主权和土著人自决的结合，有助于实现国家转型的可能性。然而，这种概念也与土著人自治的其他一些较为保守的解释相冲突，例如，主权体现在土著人拥有的领地中，而且还应该被种族化。此外，这些法律或规范上的变化可能不会增加土著人的自治权。如在玻利维亚，宪法保障的公共协商过程实际上发挥了使社会关系非政治化的作用，从而再现了历史上的排斥模式。[②]

---

① "美好生活"（Buen Vivar）是以盖丘亚人为主的土著人保留的一种世界观或生活方式。它主张一切应该以土著人社区为中心，尊重生态环境和土著人文化。2007 年，时任厄瓜多尔总统科雷亚将其升华为"美好生活社会主义"，以替代新自由主义发展模式。——译者注
② 根据玻利维亚宪法的规定，如要在土著人居住的地区开发自然资源，必须事先与其协商并征得其同意。——译者注

除了过度开采造成的环境和社会遭到破坏之外，政府大力强调第一产业的做法，使国家减少了对制造业的关注，并在此过程中产生了来自企业和劳工的阻力。事实上，拉美地区初级产品部门的外国投资和初级产品贸易的另一个方面是来自中国的制成品输入。尽管这种过度依赖可能被夸大了（估计低于进口总额的20%），但人们一直认为，这是在去工业化。在2007年至2013年期间，在拉美国家实施的贸易救济措施中，近70%是针对中国的。① 巴西总统卢拉曾于2004年在中国进行的一次国事访问中承诺给予中国"市场经济"地位，但在"倾销"问题上，他遭到了圣保罗州工业联合会和全国工业联合会的抵制。采矿业部门的工会也表示反对这种发展模式。

总的来说，尽管新左翼掌权后实施了一系列重要的劳工改革，但这些改革也有局限性。玻利维亚和巴西这两个由前工会领导人担任总统的国家，看到了来自草根阶层的越来越多的异议。在玻利维亚，总工会组织了一次大罢工，以回应政府宣布将最低工资仅提高5%的决定（工人认为这个比例远远不够）。左翼人士也没有就劳工改革达成共识。例如，埃尔纳在研究查韦斯运动的不同优先事项时发现，劳工组织倾向于把公共工程项目交给社区成员来完成。② 这些案例凸显了这样一个事实：劳工政治一直是一种国家主导的过程。因此，战斗力越来越强的草根组织能否替代新左翼政权，或替代重新崛起的右翼势力，是值得怀疑的。

鉴于国家、资本和公民社会之间的关系在不断转变，我们更容易理解新左翼政权目前存在的脆弱性。这一脆弱性有好几种表现形

---

① 拉美国家经常对中国的出口商品进行"反倾销"。——译者注

② Steve Ellner "Social and Political Diversity and the Democratic Road to Change in Venezuela," *Latin American Perspectives.* 40（3）：63 – 82. 2013.

式。在社会层面上，巴西和厄瓜多尔政权面临的挑战往往预示着更大范围的社会分裂。一个核心难题是，新左翼政权带来的前所未有的成果（如推动收入再分配或扩大政治参与），应该如何应对有害的副作用，尤其是采掘业和单一化农业生产带来的环境和社会成本。此外，在这些"补偿性国家"中，福利与现金转移计划相联系的事实赋予采掘业本身以新的合法性。资源租金真正被用于社会发展目的的证据是有限的。但是我们不能抛弃这样一种想法：资源驱动的增长能使一个积极的国家扩大社会福利。虽然这种依赖会再现历史上的排斥现象，包括国家与那些被制造业的衰退伤害的群体发生持续的冲突，但是，依赖资源导致的这种分歧，也会在社区内部产生更多的冲突。这种冲突根植于社会，而不是发生在政府和当地团体之间。我们应该认识到，依赖自然资源确实能对社会发展有一种补偿的功能。这一认识有助于我们界定后新自由主义格局中的利益攸关方，有助于我们解释为什么国家与当初拥戴左翼上台的群体之间出现了分歧。

我们在深入分析上述冲突时，还应该考虑资本的利益以及国家在推动资本时发挥的特殊作用。选举结果有利于左翼，这就增强了劳工和其他非传统社会行为者的影响力，但私人利益（特别是自然资源领域的私人利益）仍然具有举足轻重的作用。毫无疑问，由于各国更注重干预，更依赖自然资源，而且，中国在拉美地区和全球经济中发挥着越来越重要的作用，因此，采掘业资本和初级产品领域的资本的性质并没有保持不变。这方面的几个变量因素值得我们作进一步的讨论。

首先，政府对社会政策进行的前所未有的干预使不平等现象大幅减少。联合国拉美和加勒比经济委员会指出，不平等现象正在下降，在16个拉美国家中，最富有的10%人口所占比例正在下降。

其次，资本和国家的利益往往以某种直接和间接的方式交叉重叠。更直接地说，国家承担了私营部门通常应承担的各种职能。国有企业的目标和行为会受到国家政策的直接影响，也会受到社会的间接影响，同时也受到私人利益的影响。总的来说，国有企业可能会面临一种两难的局面：一方面，它们必须要盈利（通常与私营部门相关）；另一方面，它们要确保收益的获得不以牺牲社会为代价。

简而言之，国有企业几乎不可避免地受到利益冲突的困扰。内部的紧张局面更有可能出现在自然资源领域的国有企业，因为这些企业对国家的公共预算来说很重要。而且，在心理上，它们代表着国家，成功地控制了战略部门。这种矛盾现象有助于解释为什么有些国家的政府如此积极地从事采掘业活动，并转而对抗那些曾经帮助其获得大选胜利的公民社区。例如，厄瓜多尔在 2008 年通过一项新的采矿法后，科雷亚总统辩称，反对这一法律的社会运动"正在推动一场反对矿业公司的起义……有了法律，我们就不会允许这些滥用权力的行为，我们不会允许封锁道路、威胁私有财产和阻碍合法的采矿活动"。

虽然国家的这种角色与营利活动的重叠对新左翼政权来说是一个挑战，但即使是国有企业这样的安排，也不一定意味着国家只是在发挥资本的作用。相反，虽然国有企业为私人利益的相关者带来好处，但私人企业仍然是独立的经济实体，仍然期望国家能解除对私人企业的监管。在对巴西的一家国有企业进行调研的过程中，有人引用了一位高管的这一说法：国有企业的决策往往受到政府及其关联企业的有力影响。一般来说，国有企业的制度安排需要强有力的问责机制，以便能够很好地执行发展主义的职能。在巴西的"洗车行动"披露的丑闻中，各种各样的政客被指控与巴西国家石油公司的承包商勾结起来，挪用资金，这暴露出了政治干预和缺乏公共监督的最坏情况。[①] 这些风险并不是不可避免的，但是，由于国家的传统职能与其新职能出现了重叠，因此，出现各种各样的问题就不足为奇了。

巴西国家经济和社会发展银行的贷款模式显示，自2003年以来，该银行主要为采矿、大豆、糖和石油等传统行业提供资金支持，从而进一步巩固了该行业的经济重要性。霍普韦尔对巴西的国家与企业关系的研究比较表明，农业部门的雄厚实力确实从根本上改变了它与国家之间的关系。[②] 索尔的研究表明，在劳工党执政期间，由于农业企业精英阶层使用了立法工具（如在2003—2005年成立了联合议会土地调查委员会），土地改革的努力变得越来越受到牵制。[③] 精英阶层的经济实力的增强使其获得了强大的政治影响力。此外，经济增长和福利政策的扩大也有助于各方达成一种共识，尽管这种共识充满了矛盾。

除了土地改革之外，对资源的依赖也限制了包容性政策的推行。例如，卢拉政府保持高利率的决定意味着，巴西债务的还本付息成了一个巨大的负担，从社会开支中抽走了大量的资金。在2014年的议会选举中，许多极右翼候选人当选。此外，所谓"农村党团会议"也在国会中获得了席位。新当选的众议员多达124人（占众议员总数的24%），其中一半以上与农业部门有关。

最重要的是，新左翼国家的政治经济形势揭示了潜在的危机。尽管这些国家进行了一些提高民众参与度的实验，但是，政府对经济的参与程度不断提高，使得权力越来越集中在高层。这种集中导

---

① "洗车行动"（Operation Car Wash, Operação Lava Jato）是巴西在2014年3月启动的大规模反腐败调查。——译者注

② Kristen Hopewell, "The Transformation of State-business Relations in an Emerging Country," 10：291–309 in *Critical Perspectives on International Business.* 2014.

③ Sérgio Sauer, "Rural Brazil during the Lula administrations," in *Latin American Perspectives.* 46 (4)：103–121. 2017.

致各国政府无法断定什么是战略上合适的问题。例如，玻利维亚政府试图在一个国家公园和土著人土地上修建一条公路，但遭到了土著人社区的抵制。那些推崇此类行动的人发表的民族主义言论和发展主义言论加剧了这种冲突，特别是在厄瓜多尔和玻利维亚。这能说明为什么在莫拉莱斯看来，批评政府的石油开采政策的人，同时也是批评政府的社会发展项目"小胡安·平托"的人。① 左翼政府的补偿性政策既意味着国家可以将异议降至最低限度，也意味着它们可以进一步扩大和巩固其经济模式。随着国家和资本利益越来越密切地交织在一起，国家在经济中日益突出的作用使这种变化因素变得更加复杂，而且国家可能会采取违背长期社会利益的行为。与此同时，右翼的力量会有所增强。这方面的例子就是洪都拉斯和巴拉圭发生的"超级"准军事政变以及 2016 年对迪尔玛·罗塞夫的弹劾。

随着社会和经济危机的升级，国家将代表谁的利益，就能表明谁在支持这些左翼政权。如在巴西，无论是调整公共部门工资，还是取消 39 个部委中的 10 个，都不是真的为了实施紧缩措施，而是以紧缩的名义限制国家实施社会发展计划。这并不是说，由于这些左翼政权的激进特征几乎消失了，因此，他们只能延续新自由主义政策。相反，只有找出后新自由主义模式的显著特征，才有可能了解正在产生的危机的具体实质，包括来自右翼和左翼的反应、左翼之间的分歧以及外部条件变化导致经济模式出现的不稳定。无论是短期还是长期，危机可能会产生什么样的影响还不得而知，但至少在短期内，右翼势力很可能会获得更大的权力。

---

① "小胡安·平托"是玻利维亚总统莫拉莱斯在 2006 年推出的鼓励儿童入学的社会发展项目。根据这一项目的有关规定，学龄儿童入学后可获得政府提供的一笔现金。"小胡安·平托"是玻利维亚历史上的一个年仅 12 岁的民族英雄的姓名。——译者注

五、结论

本文试图考察国家与社会之间的关系是如何发生变动的，这一变化似乎再现了以前政治经济学的某些方面（如依赖自然资源的开采），同时引入了新的方面（尤其是国家加强对经济和社会的监管）。我的论点是，在这些新左翼政权的控制下，继续加强初级产品的开采和出口，会与政治上支持左翼政权的社会基础结合起来，产生一种特定的弱点。然而，这种平衡不是静态的，因为经济和社会福利方面的决策会使这一平衡不断变化。

在拉美，不同种类的政治经济特征是相互交叉和重叠的，因此，有必要研究新左翼政权的特殊结构，而不是简单地将旧模式的任何连续性简单地说成是它的坚固性，也不能将其理解为新旧模式存在的紧张关系。在考察了社会与经济之间的相互依存对资本、国家和社会利益产生的影响后，我想指出，新左翼政府通过实施相互冲突的务实主义政策和民众主义政策，追求了不相容的目标。因此，这些政策不仅本身不完善，而且也是不连贯的。例如，经济上对初级产品的依赖，削弱了本来应该是有利于以前被边缘化的阶层的政策的潜在好处。这一结果不是强化阶级凝聚力，反而导致其进一步分化，因为制造业在不断地衰退。从短期来看，随着收益的重新分配，这些新左翼政权变得更加包容，但同时也会更加排斥，因为采矿业的发展破坏了一些社区的生态和社会。具有悲剧性讽刺意味的是，蒙受损失的这些人曾经是支持新左翼上台执政的。此外，强调初级产品的重要性，使采掘业的精英阶层获得了更大的影响力。由于自然资源部门的增长使社会功能得以实现，资本具有了新的社会合法性，因此，资本的影响力越来越大。然而，由于国家直接地参与资源部门的开发，与此同时，其他合作伙伴（如中国）的影响力有所增强，因此，各种力量也发生了重大变化。其结果是，社区内的和不同社区之间的冲突在加剧，从而弱化了新左翼政权获得的政治支持。这一分析表明，更务实的政策在短期内可能很有吸引力，但随着时间的推移，可能无法持续。

本文的目的是帮助我们理解拉美地区的政策变化和连续性，但它有可能掩盖每个国家的重要的细微差别。具体的案例研究将是理解 21 世纪拉美发生的变革的重要一环。一个值得关注的关键问题是如何理解采掘业和农业企业中的精英阶层与金融业或制造业精英之间的关系。如在巴西，以高利率为特征的持续的金融化对于保持农业精英阶层的主导地位具有至关重要的作用。简而言之，为了理解当前危机的重要性，我们需要对内在的政治经济模式以及这一政治经济模式与新左翼政权的社会变革之间的关系有一个很好的解释。

（原载《拉丁美洲透视》杂志 2019 年第 1 期）

巴西的国家、国家体制和政治权力

阿曼多·博伊托

巴西坎皮纳斯州立大学政治学教授

阿尔弗雷多·萨阿德·费略

英国伦敦大学政治经济学教授

【内容提要】巴西的资产阶级内部有两大派别（即国内资产阶级和国际化资产阶级）。区别这两个派别的方法就是看它们与资本积累过程保持着什么样的关系，特别是与新自由主义、国际一体化和金融化保持着什么样的关系。这两个派别之间既有冲突，也有合作。国内资产阶级的目标从来没有想要对新自由主义的极端化政策作出大范围的调整，国际化资产阶级则有一个扩张战略，旨在通过无情地实施新自由主义宏观经济政策，将国内资产阶级完全纳入其中。由此可见，资产阶级两个主要部分之间的冲突是非常不对称的。这两个派别都在权力集团之外建立了重要的联盟。国内资产阶级领导着支持劳工党的政治阵线，包括中下阶层、加入工会的工人、有组织的农民以及大多数非正式和边缘化的工人。国际化的资产阶级与城市上层中产阶级建立了牢固的联盟，其组成部分包括大多数大中型私营企业的管理人员、国家官僚机构的高级干部、专业人士、独立商人、小规模的投资者、地主，以及雇用少量工人的企业家。巴西的权力集团由大资产阶级的两个相互对立的派别控制，与一个相对封闭的政治体系吻合，这个体系的决策权集中在以总统为首的联邦行政部门。总统的中心地位不可避免地使国家的政治生活个人化。国会由众议院和参议院组成，在公共政策的制定和实施中处于从属地位。国会在形式上很重要，但它的影响力仍然有限，因为总统可通过"临时措施"来行使大部分立法职能，即等待国会批准的总统令。决策权集中在行政部门，这使得少数联邦机构成为政治斗争的核心工具。

本文主要考察在路易斯·伊纳西奥·卢拉·达席尔瓦总统（2003—2006 年，2007—2010 年）和迪尔玛·罗塞夫总统（2011—2014 年，2015—2016 年）执政期间，巴西这个国家的意识形态和机构中出现的紧张、矛盾和冲突现象。研究这些意识形态和制度，是为了搞清楚这样一个问题：在权力集团中，两个敌对的阶级和派别是如何把意识形态和制度当作斗争工具的。意识形态和制度既是支持具体的国家政策的物质和思想平台，也是抵制对手提出的各种政策的中心。

这并不意味着巴西的国家是支离破碎的，也并不意味着争吵不休的阶级、派系和利益集团在一个（或多或少）公平的竞争环境中控制了国家的制度。工人阶级、工会和农民运动，以及激进的社会主义政党，无论对其如何定义，都没有控制巴西的制度。相反，占统治地位的权力集团，特别是资产阶级及其中上层阶级盟友中的两个对立的派别之间的争端，推动了这个国家的制度、思想、社会和政治冲突。其他社会群体在这些冲突中扮演了次要角色。此外，国家政策不是由私利的简单相加和相互矛盾的短期需求之间的调和决定的，否则，这将带来持续的制度上的不稳定和政策执行过程中的左右摇摆。巴西资产阶级内部两个重要派别之间的争端及其控制下的机构的多样性，在很大程度上取决于国家的主要机构是如何进行干预的。这些机构包括联邦行政部门，有时还包括国会和司法系统。它们既可以推动和回应来自部委、机构、国有企业、银行、媒体、大学、非政府组织、工会、政党等的各种要求，也可以支持或反对具体的政策，并对政策的执行进行干预，从而导致不同利益集团之间的斗争更为激烈。

换言之，虽然巴西政府确实制定了资产阶级的统治方式，但它是通过复杂的过程来做到这一点的，包括在对抗的社会团体之间制造紧张关系以及迫使其对手退出竞争等手段，这些社会团体的利益是在国家机构内部以及它们与非国家机构之间的争端中表现出来的。这种富于分析的方法有助于我们对巴西的资本规则、国家及其主要机构的阶级性质进行复杂的、背景性的考察，也有助于我们评估马克思主义政治经济学指导下的巴西左翼的战略。下面的这一部分概述了巴西占主导地位的权力集团，并描述了资产阶级的主要派别及其盟友；第二部分主要关注其主要的政治力量；第三部分考察政治体制、国家重要机构的构成以及它们之间的冲突，并说明不同机构之间的纠纷是如何以及为什么会产生社会冲突的；第四部分回顾了较低级别的国家机构的作用，以及它们是如何被用来推进或阻止具体的计划和阶级纲领的；第五部分得出相关结论。

一、权力集团

在巴西，资产阶级内部有合作与冲突，资产阶级派别之间也有合作与冲突。这些合作与冲突构成了主要权力集团的两极化。区别这些派别的方法就是看它们与资本积累过程保持着什么样的关系，特别是与新自由主义、国际一体化和金融化保持着什么样的关系。

这种对广大社会群体物质利益的分析，并不意味着将固定的阶级立场映射到个人倾向上，也不意味着社会阶级或阶层应该保持思想上的自觉性或政治上的团结一致。相反，它试图说明这一点：相互冲突的经济利益和社会关系如何支持竞争对手的政治纲领和经济政策计划，这些政治纲领和经济政策计划往往是通过其他政党、组织和运动来表达的。根据尼科斯·普兰查斯的说法，第一派别可以称为内部大资产阶级，它包括制造业、建筑业、农业综合企业、食品加工、造船、银行和其他行业的大公司的所有者。① 这一派别的主要追求是巩固自己在巴西依附型资本主义中的经济和政治地位，这意味着，其与国际资本和资产阶级中的国际化派别存在着既合作又冲突的关系。

巴西国内资产阶级的某些组成部分可能或多或少地与国际资本有着密切的联系。例如，金融行业与国际资本联系特别紧密，而建筑业则更为自主。但是，作为一个整体，国内资产阶级要求得到国家的（不同形式的）保护，以加强其对国内市场的控制，支持其向国外扩张，尤其是在全球南部的扩张，并与国际资本进行更有利的交易。因此，这一派别与新自由主义下的国家政策存在矛盾关系。虽然出于意识形态需要，它倾向于支持新自由主义的劳动力市场和社会政策，但它也认识到，政府干预、基本社会保障和提高最低工资可以增强社会凝聚力和政治稳定，有助于提振国内市场，并为抵御帝国主义施压提供保护伞。因此，虽然国内资产阶级通常要求"财政廉洁"，并要求私营部门发挥更大的作用，但它也希望实际利

① Nicos Poulantzas, *Les Classes Sociales Dans Le Capitalisme d' Aujourd' hui.* Paris：Seuil，1974. Nicos Poulantzas, *La Crise Des Dictatures：Portugal，Grèce，Espagne.* Paris：Maspero，1975.

率更低，国家在基础设施和研发方面增加投资，争取外部援助，获得巴西国家开发银行的补贴贷款，国家制定采购的优惠规则，以及取消对外国资本的限制，等等。① 这一派别还拒绝贸易和资本流动的完全自由化，因为这些政策会威胁到它自己的竞争地位。

国际化的资产阶级包括外资经济集团的代表和直接依赖外资的国内企业。它由国际银行、保险公司、大型咨询和会计师事务所、跨国和国际一体化的制造资本以及非常重要的主流媒体组成。

尽管巴西媒体几乎完全归国内资本所有，但在意识形态上则致力于新自由主义金融化和巴西经济的跨国一体化，并拒绝"国家"发展战略的概念。在费尔南多·科洛尔总统（1990—1992 年）和费尔南多·恩里克·卡多佐总统（1994—2002 年）当政时，国际化的资产阶级在政治上占据着主导地位。其政治计划的制度基础是通货膨胀目标制，倡导中央银行的独立性，鼓励国际资本流动的自由化，强调私有化和"放松管制"，弱化国家配置资源和引导发展的能力，放弃国家主导（再）分配等政策。该团体由社会民主党及其盟友作为其政治上的代表。

巴西资产阶级除了上层的这种分化外，还包括大量缺乏经济实力、独立组织能力差和自主影响力弱的中小资本。资产阶级内部的分化是复杂的，这两个主要派别之间以及他们与中小资本家之间没有清晰的界限。中小资本家可能属于国内资产阶级或国际化资产阶级主导的生产链条，也可能以特殊的方式同国内资产阶级和国际化资产阶级联系在一起。例如，汽车经销商由中等规模的国内资本主导，这些资本明显依赖于跨国汽车制造商。然而，相对于它们的海外总部而言，后者拥有很大的自主权，而经销商也与由巴西资本主导的零部件制造商、银行和保险公司有着密切的联系。同样，国内

---

① 巴西国家开发银行的正式名称是巴西国家经济社会发展银行（BNDES）。——译者注

银行也基本上赞同外国同行的观点，即通货膨胀目标制和央行的独立性应该比支持更高投资和消费水平的新发展主义政策更加重要。垄断巴西国内耐用消费品的跨国制造业企业，在政治上非常靠近生产资本货的国内企业，尽管双方在国内市场的作用、财政、货币政策、汇率政策和资本管制等方面存在着紧张的关系。①

各派别内部也有矛盾，比如围绕利率水平，国内资产阶级内部的制造业和银行之间存在着争论。虽然这些争论通常从属于两个资产阶级主要派别之间的矛盾，但它们可以影响特定阶层的政治干预。这正是发生在巴西甘蔗乙醇生产链的情况。② 30 多年来，乙醇一直被广泛用于巴西汽车的燃料，它带动了一个巨大的甘蔗产业。该产业还向国内外市场供应糖，并为食品、饮料和其他行业提供原料。在连续支持了两届卢拉政府后，甘蔗乙醇生产链企业开始反对迪尔玛·罗塞夫，因为她的政策支持拉美最大的国有石油公司，即巴西石油公司。巴西石油公司是乙醇燃料的竞争对手。

总的来说，由于产业资本和金融资本之间、国内资本和外资资本之间、大型企业和中等规模企业之间存在着犬牙交错的利益纠葛，而且，全国范围内、区域范围内、政治领域内以及其他范围内的博弈也会产生不同的结果，因此，巴西国内的资产阶级和国际化的资产阶级两者之间的结构性分离，有时会趋于缓和，有时则变得非常紧张。

二、政治力量

科洛尔和卡多佐在 20 世纪 90 年代实施的正统新自由主义宏观

---

① 资本货主要是指生产各种货物的机械设备。——译者注
② 巴西用甘蔗制造乙醇燃料的技术，在世界上名列前茅。——译者注

经济战略，以及劳工党政府实施的新自由主义和新发展主义混合战略，对上述阶级派别、资产阶级的外围组织和其他社会群体产生了不同程度的影响。这些不平衡的结果，以及巴西自20世纪80年代末以来新自由主义和民主巩固期间所经历的政治曲折，最终导致资产阶级两大派别能用稳定方式表达其利益诉求，巴西的政治生活也随之变得两极分化。一方面，国际化的资产阶级和国际资本与巴西社会民主党和主流媒体表达的正统新自由主义联系在一起；另一方面，与其他地方一样，巴西社会民主党在巴西实施的正统的新自由主义政策，限制了社会和劳工的权利，对国有企业实施私有化和非国有化政策，并放松了对金融和对外贸易的管制。而国内资产阶级则已经认同了劳工党的混合政策。

自2003年劳工党执政以来，巴西的发展战略已经转变为包括新自由主义和拉美新发展主义元素的一个混合体。从根本上讲，这里存在着一种政策连续性，因为劳工党坚持卡多佐于1999年推出的宏观经济的"三位一体政策"：通货膨胀目标制和中央银行独立性、浮动汇率和自由资本流动，以及紧缩性的财政和货币政策。这些政策长期以来一直对国内资产阶级产生不利影响。例如，高利率和需求收缩助长了巴西货币雷亚尔币值的高估，从而导致去工业化和出口竞争力的丧失，这在制造业表现特别明显。[①] 这些政策还造成了投资和国内生产总值增长率呈下降的趋势。

劳工党政府并没有放弃这些宏观经济政策，但实施这些政策的力度有所缓和。在卢拉的第二任期间，政府引入了新发展主义的元素，从而使其混合政策包括：第一，新自由主义货币政策和汇率政策与新发展主义产业政策的关系更紧密，以遏制经常性账户赤字和

---

① "去工业化"主要是指制造业萎靡不振，在国民经济中的地位得不到上升，在国内生产总值中的比重下降或上升缓慢。——译者注

支持重要生产链的国产化。第二，实际利率降至 20 年来的最低水平：从卡多佐第一届政府的平均 22% 降至罗塞夫执政期间的不到 3%，央行大幅延长了债务期限，并降低了国内公共债务的成本。第三，高利率对经济造成的紧缩影响进一步被巴西国家开发银行的资本化所抵销，该银行向迅速扩张的企业提供补贴贷款。① 第四，在政府和国有企业采购方面，实施了有利于国内生产商的"本土化"政策，这在一定程度上缓和了早先的对进口商品采取的自由化政策。第五，20 世纪 90 年代期间未被新自由主义"淘汰"的国有企业得到了加强，尤其是像巴西国家石油公司这样的企业。第六，为了刺激生产和控制通货膨胀，连续实施了几轮退税。这与新自由主义一心一意关注的操纵利率明显背道而驰；而且，罗塞夫政府还强迫私营电力运营商降低电价。第七，为了让国内资产阶级承诺在交通和基础设施方面进行更高水平的投资，并绕过预算方面的法律限制，政府修改了监管的规则，作出了让步，还支持许多公私合作伙伴关系。这些政策无疑加强了国内资产阶级在权力集团中的地位。因此，当卢拉面对国际资本日益增长的敌意时，国内资产阶级的这一部分成为他最有力的支持者。

尽管这些政策变化的范围很广，但国内资产阶级的目标从来没有想要对新自由主义的极端化政策作出大范围的调整。它既没有制定独立的资本积累战略，也不谋求对国际化资产阶级实施狭隘的霸权，这使其处于边缘化地位。它在意识形态、文化、技术、金融和政治层面上仍然严重依赖帝国主义，而且它并不打算脱离帝国主义。它只是想在全球帝国主义和巴西权力集团中占据更舒适和有利的位置。相比之下，国际化资产阶级确实有一个扩张战略，旨在通

---

① 补贴贷款是指政府用行政手段要求银行向有关企业或部门提供低于市场利率的贷款。——译者注

过无情地实施新自由主义宏观经济政策,将国内资产阶级完全纳入其中。由此可见,资产阶级两个主要部分之间的冲突是非常不对称的。

资产阶级的这两个派别都在权力集团之外建立了重要的联盟。正如我们所看到的那样,国内资产阶级领导着支持劳工党的政治阵线。这个联盟包括中下阶层、加入工会的工人、有组织的农民,以及大多数非正式和边缘化的工人。劳工党政府在一贯照顾国内资产阶级利益的同时,也为这些社会群体带来了巨大的利益,使他们的生活和工作条件得到了显著的改善。这方面的利益包括提高最低工资,扩大福利转移和福利支付,保护家庭农业,扩大大学和专业学校的招生数量,对大学招生、公务员录用和分配公共住房实行种族和社会配额制度,降低电费和扩大电网接入,等等。这些政策和计划给非正规部门的工人带来了不少好处,他们正是支持劳工党总统候选人的最可靠的基础。如在 2014 年的总统选举中,尽管新发展主义阵线的其他群体对迪尔玛·罗塞夫的支持有所减弱,甚至不再支持她,但因为得到了非正规部门中就业人员的支持,迪尔玛·罗塞夫最终获胜。

国际化的资产阶级与城市上层中产阶级建立了牢固的联盟。这一社会群体包括大多数大中型私营企业的管理人员、国家官僚机构的高级干部(如法官、检察官、高级行政人员、高级军官和警察)、专业人士(如律师、医生、牙医、工程师、学者、建筑师和艺术家)、独立商人、小规模的投资者、地主,以及雇用少量工人的企业家。因此,中上层阶级是一个与资本主义核心有着间接关联的异质群体,但缺乏资产阶级拥有的那种经济力量,也缺乏工会拥有的那种政治力量。然而,它拥有必要的经济和文化资源,可以通过政治体系、媒体、某些工会、非政府组织、游说团体和司法系统来表达自己的要求。因此,它可以充分地表达其经济利益和意识形态偏见，尽管这些利益和偏见是多样化的、反动的、自相矛盾的或在战略上是根本站不住脚的。

自 20 世纪 80 年代末向新自由主义过渡以来，巴西上层中产阶级逐渐吸收了资本主义中的竞争、积累和排斥伦理，从而使其最终成为支持巴西社会民主党的主要群众基础。这个社会群体认为，劳工党政府的社会政策是对其经济地位和社会地位的直接威胁。这一点是可以理解的。20 世纪 80 年代初进口替代工业化的枯竭、随之而来的经济增长放缓、向新自由主义过渡以来高收入职业的减少，以及 21 世纪第一个十年中期开始出现的具有低工资特征的经济复苏，严重挤压了中上阶层。与此同时，中上阶层已经被媒体兜售的、在海外被试验的文化和经济"全球化"概念所迷惑。

劳工党实施的分配政策将最低工资提高了近一倍（这对购买低端个人服务的中上阶层来说是一项成本），实施了一种由一般税收资助的、但只有合格的人员才能享受的转移支付计划（中上阶层可以提供资金，但不能申请），① 将数百万工人纳入正规劳动力市场（这一做法提高了成本和需求，特别是在服务业），通过大幅度扩大公立大学招生数量（并将一定量的配额给予黑人）以及在公务员招聘工作中引入配额制，削弱了中上阶层对高等教育和"好工作"的垄断地位。此外，罗塞夫政府将就业权利扩大到了家政工人，包括被中上阶层家庭广泛雇用的清洁工、保姆、厨师、司机、园丁和个人保安。这一政策增加了雇主的成本。罗塞夫政府还在 2013 年创建了一个卫生项目，将数千名外国医生（主要是古巴医生）带到没有任何卫生设施的巴西城市。尽管这些医生的聘用条件受到严格限

---

① 这一转移支付计划就是劳工党政府实施的"有条件的现金转移支付计划"。根据政府的有关政策，符合一定条件的低收入者每月可获得政府提供的一定量的现金。——译者注

制，但该计划却遭到了全国所有医疗协会的反对。反对者使用了怪诞的种族主义言论和反共言论。

除了这些有针对性的计划项目外，劳工党政府还采取了一些措施，支持 21 世纪第一个十年中期出现的新一轮工业行动，从而极大地提高了数百万技术工人的收入。这些有利于穷人的进步改变了该国的需求模式，同时也改变了过去由（白人）中上阶层垄断的一系列机构。机场、医疗设施、购物中心、酒吧和餐馆已经被低收入工人和相对贫穷的黑人"占领"，而这些人以前根本无法进入这些地方。

工人和穷人对中上阶层的经济、社会和地理等种种特权的蚕食，引起了后者强烈的焦虑和反对。例如，社交媒体多年来一直充斥着对这种不受欢迎的社会和种族混杂感到不适的表达。实际上，中上阶层倾向于认为他们享受的特权是其勤奋和个人功绩所致。在这一阶层看来，低收入工人往往比较懒惰，他们的工作不那么有价值。他们恶劣的生活条件是他们偏爱懒散和选择低技能体力劳动的必然（也是完全应得的）结果。由此可见，穷人通常被认为不值得纳税人给予资助，而且现金转移和其他福利项目可以说是个双重错误：奖励懒惰，惩罚优秀的财富创造者。为了应对穷人的经济社会进步，中上层阶级越来越倾向于政治右翼。这一转变意义重大，因为中上阶层可以通过由这些专业人士管理的学校、教堂和媒体，在确保资产阶级的意识形态霸权方面发挥重要作用。

三、政治体制

巴西的权力集团由大资产阶级的两个相互对立的派别控制，与一个相对封闭的政治体系吻合，这个体系的决策权集中在以总统为首的联邦行政部门。总统的中心地位不可避免地使国家的政治生活个人化。在巴西的民主制度中，决策是绝对独裁的。这种悖论被称为"超级总统主义"或"平民威权主义"。国会由众议院和参议院组成，在公共政策的制定和实施中处于从属地位。国会在形式上很重要，但它的影响力仍然有限，因为总统可通过"临时措施"来行使大部分立法职能，即等待国会批准的总统令。自1988年宪法颁布以来，这些总统令得到了广泛使用。除了临时措施之外，行政部门通常通过将权力集中在众议院和参议院的议长手中这个方法来控制国会议程。这些议长由同僚选举产生，但实际上是由总统任命的，以便使总统能够指挥、纠缠或讨价还价，以获得大多数众议员和参议员的支持。立法权集中在更高的层面，因为议长和政党领导人可以对提交表决的法案赋予"紧迫性"，以此来控制投票的过程。这些政党领导人经常代表他们的政党投票，而行政部门则会直接与他们讨价还价，提供恩惠，以换取集体投票。2015年，罗塞夫政府危机的症状之一是众议院和参议院的议长拥有异乎寻常的自主权以及他们对行政部门滥用的宪法特权。这肯定不是立法程序的本意。

大多数政党在国会中的存在，仅仅是一种统一行动的集体投票。否则，它们在很大程度上会被排斥在各级政府之外。由此可见，巴西拥有的不是政党统治的政府，而是政府管理的政党。例如，在卡多佐执政期间，巴西社会民主党的主要任务是确保国会批准政府的决策，而该党却经常完全忽视这些决策的内容。这与卢拉和罗塞夫当政时期劳工党的遭遇基本相同。这完全是意料之外的，因为1980年劳工党是作为一个独立的左翼民众党出现的，与工会和新一代群众运动密切相关。它在名义上完全服从由该党选举产生的联邦政府，这表明，巴西文官威权主义力量是强大的。毫无疑问，国家官僚机构的上层比32个政党及其选举产生的代表拥有更多的权力。事实上，只有大约 6 个政党拥有表面上的政治生活，其他政党或成为国会投票交易的"中转站"，或成为支持狭隘议程（通常是个人的议程）的工具。

除了在国会投票之外，政党只与选举的前期阶段相关。但这并不意味着大多数候选人受"他们的"政党控制。例如，《劳工党章程》第 147 条规定，如有多人竞争总统、州长、参议员或市长，该党的候选人将通过内部投票选出。然而，事实上，自 20 世纪 90 年代以来，这些候选人都是由卢拉担任主席的委员会精心选出的。卢拉在 2010 年亲自选择迪尔玛·罗塞夫作为他的继任者，并要求该党支持她在 2014 年连选连任。他还定期挑选希望担任圣保罗市的市长和圣保罗州的州长的劳工党候选人，这个市和这个州是巴西最富有、人口最多的行政单位。社会民主党的情况也是如此，由少数领导人垄断了决策过程。这两个党内部很少有辩论，很少触及任何实质性的重要事情。自 20 世纪 90 年代初以来，劳工党和社会民主党使巴西的总统选举出现了两极化。这两个政党之间的竞争反映了如前所述的资产阶级内两个派别之间的冲突。与此相适应的是，这些政党在不同的社会阶层招募成员，其选民有不同的社会经济背景。社会民主党在 1994 年和 1998 年两次赢得了总统选举，劳工党在 2002 年、2006 年、2010 年和 2014 年的选举中获胜。在上述六次选举中，甚至没有其他政党能进入第二轮选举。1989 年的总统选举是独裁统治结束后的第一次选举，在这一次选举的第二轮投票中，劳工党以微弱劣势输给了费尔南多·科洛尔，尽管他几乎没有得到任何有组织的支持。

巴西政党制度的碎片化因行政职位的两轮选举与立法机构的比例代表制同时进行而变得更为严重。劳工党和社会民主党之间的两极分化也体现了这两个大党主导的多党制的巩固。两大政党都与一些围着它们转的"卫星政党"结成了一整套联盟。只要政治生活保持稳定，大多数小政党存在的目的只是为其领导人提供好处、工作机会和经济利益。按照马克斯·韦伯的说法，它们是"提供恩惠的党"，尽管它们并非完全没有意识形态。尽管如此，这些小党还是至关重要的，因为无论是劳工党还是社会民主党，都不太可能在国会获得多数席位。多达 24 个"提供恩惠的党"控制着众议院 513 个席位中的至少 200 个席位以及参议院中的 81 个席位。它们的治理能力至关重要，但它们的存在方式助长了国会的无能和对行政部门的顺从。以上所述的国会和政党的局限性，使得立法程序过于异质和不可靠，无法把资产阶级组织成一个政治霸权，也完全无法有效地解决权力集团内部的冲突。

四、国家官僚体系中的矛盾

决策权集中在行政部门，这使得少数联邦机构成为政治斗争的核心工具。资产阶级的两个对立的派别试图控制这些制度，以创造、巩固和展示他们自己的权利，推行具体的政策和优先事项，并使其对手推出的政策无法得到落实。每个机构在这场冲突中的重要性取决于多个因素，尤其是它与总统的关系、规模、相关性、经济和政治职能、其工作人员的社会组成、政治力量的相关性和政治时机，等等。

联邦行政部门的核心由总统与关键的经济和政治部门组成，负责制定、执行和监督国家的发展战略。下属机构在实施或抵制这一战略方面也会发挥重要作用。对其中一些机构进行简要的考察就可以说明它们的重要性。国内资产阶级在大型国有企业中拥有强大的权力中心，特别是巴西发展银行和巴西国家石油公司，此外还有两家国有商业银行，即巴西银行和巴西联邦经济银行。相比之下，国际化的资产阶级、中上阶层和中产阶级早已控制着司法机构、司法部长办公室和联邦警察，成为反对劳工党的抵抗中心。就像劳工党和社会民主党之间的争端一样，这些机构之间的冲突体现了处于国家核心的资产阶级派别和它们的盟友之间的竞争关系。

巴西国家开发银行和巴西国家石油公司对国内资产阶级具有非凡的意义，因为它们在执行新发展主义政策方面发挥了至关重要的作用，这些政策在一定程度上抵消了国际化资产阶级强加的新自由主义。卢拉在 2007 年任命著名的非正统发展经济学家卢西亚诺·库蒂尼奥为巴西国家开发银行行长。自 20 世纪 50 年代该银行成立以来，库蒂尼奥是任职时间最长的行长。在他的领导下，该银行的贷款规模扩大了 10 倍，成为世界上最大的开发银行，远远超过了世界银行。它的扩张使得卢拉政府和罗塞夫政府能够向那些特定的公司提供得到补贴的贷款，尤其是那些可以被培养成为"国家冠军"或世界级的企业。例如，银行的贷款使 JBS – Friboi 公司（主要从事牛肉、猪肉等产品的生产、加工和出口）成为世界上肉类行业最大的公司之一。该公司已在四大洲收购了加工厂，其快速扩张为劳工党新发展主义产业政策的成功提供了最好的例证。

巴西国家开发银行除了提供贷款以外还通过其下属的投资公司支持国内大型企业的投资，后者直接投资于选定的公司。该银行的贷款和投资公司的入股所需的大量资金都是从国库转移支付获得的。然而，按照惯例，这些转移被算作公共部门的支出，而不是用于投资。尽管（或许是因为）这些贷款和投资带动了发展，提高了收入，创造了就业，扩大了出口，但是随之而来的初级财政盈余的减少，受到了国际金融界和社会民主党的严厉批评。

卢拉政府还通过与其他"全球南方"国家，特别是南美洲和撒哈拉以南非洲国家签订外交协议，以支持巴西的"国家冠军"企业。① 一些国家已经获得巴西国家开发银行的基础设施贷款，特别是道路、大坝和铁路，前提条件是这些项目由巴西公司牵头。为此，劳工党政府在巴西外交政策和国内资产阶级之间建立起了密切的关系。一个成功的例子就是古巴的马里埃尔港，但它却招致了巴西社会民主党的强烈批评。这个港口是由一个拥有 300 家公司的财团建造的，该财团由巴西最大的建筑公司之一奥德布雷希特工程公司领衔。该工程第一阶段工作于 2014 年 1 月完成，拉美的左翼国家元首，包括玻利维亚的埃沃·莫拉莱斯和委内瑞拉的尼古拉斯·马杜罗都参加了庆祝活动。

巴西国家石油公司是劳工党新发展主义经济政策的另一个关键抓手。巴西国家开发银行试图绕过巴西资本利率居高不下和银行不愿意为投资提供融资的瓶颈，而巴西国家石油公司则推出了新的采购政策，以抵消进口自由化对国内生产的影响，并支持石油和天然气生产链中的进口替代。卢拉在 2002 年的总统竞选中宣布了这一政策转变，承诺巴西政府会致力于实现国家石油公司所需油轮、钻机和深水平台等设备的国产化。这项政策非常成功。20 世纪 90 年代，卡多佐政府大幅削减了政府为石油行业提供资金的规模，并迫使巴西国家石油公司进口其大部分设备和服务。到 2003 年，巴西造船业只雇用了 4000 名工人。卢拉政府时期的政策转变大大推动了造船业的强劲复苏，到 2014 年，造船业雇用的工人达到 10 万名。被封存的里约热内卢的造船厂重新开放，新的造船厂开始在东

---

① "全球南方"（Global South）其实就是亚非拉发展中国家，或相对于北方（发达国家）而言的南方。有人认为，"全球南方"不仅仅是"不发达"或"欠发达"的同义词。更为重要的是，这一称谓蕴含着抨击殖民主义、帝国主义和资本主义的强烈愿望。还有人认为，与"第三世界"这一概念不同的是，"全球南方"更能体现这一群体的尊严，而且还反映了全球资本主义的发展对其产生的负面影响。——译者注

北部和南部运营。

这一复苏战略是由塞尔吉奥·加布里耶利实施的，他是一名新发展主义设计师，于2005年被任命为巴西国家石油公司总裁，一直任职到2012年。除了采用新的采购政策以外，加布里耶利还加大了该公司在研发、石油勘探和炼油方面的投资，这与卡多佐执政期间该公司专注于为石油行业的融资形成了鲜明对比。这一政策的一个变革性成果是在南大西洋发现了深海盐下层油田，估计储量为280亿桶—350亿桶。卢拉和当时的能源部长迪尔玛·罗塞夫在21世纪第一个十年末实施了一项新的石油开采政策，要求巴西国家石油公司参与所有新油田的开发。这一政策取代了卡多佐时期对大型石油跨国公司的特许权，受到了外国资本和社会民主党的严厉批评，但它带来了巴西国家石油公司业务的迅速扩张，并扩大了国家对石油资金的征用。这笔资金被支付给一家主权基金，并被用来支持医疗和教育支出。

造船业链条既庞大又高度多样化。它不仅包括造船厂，而且还包括机械和电气工程、重型建筑和许多其他行业。这一链条的扩展是劳工党政府产业政策中最重要的成就之一：它汇集了国内多个行业的数百家企业的利益，并推动了国内科学技术的发展。由于造船业对就业产生了积极的影响，它得到了大型工会的鼎力支持。巴西造船产业链的扩张为成功地获得多阶层政治阵线支持的新发展主义政策提供了一个教科书式的范例。然而，其他行业却无法取得类似的成效。例如，在传统制造业，尤其是纺织品、鞋类和服装行业，自20世纪90年代初以来，由于受到来自亚洲的进口的竞争，当地的生产受到严重影响，该行业一直未能复苏。在技术含量较高的部门，特别是汽车、计算机、家用电器和电子产品等，外国资本传统上一直占据主导地位。自从开始向新自由主义过渡以来，受技术变革和生产跨国化的影响，处在这一产业链中间环节的国内企业丧失了应有的市场份额。

巴西社会民主党领导层一直在批评劳工党政府有关巴西国家开发银行和巴西石油公司的政策，不可避免地也会批评这些机构本身。费尔南多·恩里克·卡多佐、若泽·塞拉和党内其他领导人曾不断对这些国内资产阶级的权力中心表达不满。他们声称，这些权力中心的扩张损害了政府的财政目标，助长了通货膨胀，而且是不透明的（即腐败）和不民主的。他们认为，银行是根据政治而不是技术标准来发放贷款，从而使巴西国家石油公司的投资计划过于雄心勃勃。他们也指出，政府要求巴西石油公司在每个油田开展业务，因此，外国在巴西的投资减少了，盐下层石油产量也会减少。他们还表示，要求国家石油公司从国内市场购买65%的机械设备的政策不合时宜，效率低下，增加了成本，并将阻碍该公司的技术发展。

围绕银行和国家石油公司的这些纷争正好印证了上面提出的论点，即巴西的政治进程是围绕着资产阶级两个派别之间的冲突而展开的，这种冲突推动着主要政党的意识形态和话语权。换言之，新自由主义和新发展主义在思想层面上表达了资产阶级对立派别的利益。作为一个彻头彻尾的资产阶级政党，巴西社会民主党反对政府在造船、建筑、工程、食品、钢铁等行业支持大公司。这一点看起来很奇怪，但是该党支持的不是国内资本，而是国际资本、国际金融以及与之密切相关的本国资本。相反，劳工党表面上是工人阶级的政党，但它已成为庞大国内资本的主要政治工具，并成为发展主义联盟的驱动力。这种联盟在目标和组成上都与20世纪50年代和60年代巴西及其他地方的共产党所倡导的"民族阵线"十分相似。

近年来，这些政治冲突开始发生了演变。由于经济有所增长，劳工党政府获得了强大的政治支持，因此，在21世纪第一个十年的中后期，社会民主党领导层发现自己越来越被孤立了，其正统的新自由主义话语丧失了吸引力。自 2011 年以来，巴西经济开始放缓，新的社会冲突和政治冲突已经出现，旧的冲突又卷土重来。在这种情况下，巴西社会民主党和主流媒体不仅加强了对劳工党的攻击，而且还动员司法系统支持其所谓的进攻策略。司法机构、联邦警察和总检察长办公室的以下三个特征使其倾向于支持国际化的资产阶级和中上层阶级，反对国内的资产阶级、劳工党及其盟友。

第一，这些机构雇用巴西最有特权的公务员，4 万名法官、检察官、律师和高级官员舒适地占据着中上层阶级的顶层。检察官的起薪为每月最低工资的 29 至 38 倍，每周工作 25 小时，额外工作算作加班。同样，法官的收入大约是最低工资的 40 倍，尽管他们拥有住房，仍能获得慷慨的食品补贴和住房支持。巴西国家开发银行和巴西国家石油公司的高级雇员也享有很高的工资，但他们的工资远远低于司法部门的工资。

第二，司法机构和总检察长办公室享有充分的行政和财政自主权，其资金来自税收，但只对自己负责。法官和检察官甚至可以自己设定工资范围。

第三，这些机构在资本主义国家的作用是维持公共秩序，是"国家的右手"。它们的职能是使自己的工作人员与政府对立起来，因为政府支持民众组织和默认"非法"斗争（如占用耕地和城市空间、设置路障等）。

主流媒体、法官、检察官、律师和联邦警察的高层已经加入巴西社会民主党的领导层，对劳工党政府发起了两次全面性的攻击。2005 年和 2015 年，在媒体和社会民主党的推动下，联邦警察、总检察长办公室和司法机构的反腐败行动引发了一场政治危机，对劳工党造成了毁灭性的打击。他们的行动以新发展主义的主要机构为攻击目标，特别是针对巴西国家开发银行和巴西国家石油公司。这一攻击因劳工党莫名其妙地屈服于媒体和司法机构而变得更为猛烈。劳工党一直拒绝动员其社会基础来对抗该党及其政府成员受到的偏见和非法待遇，巴西国家石油公司的丑闻就证明了这一点。

2014 年，一家建筑公司贿赂了几个政治任命的国家石油公司董事，以获得对与石油合同有关的实际垄断权。巴西建筑业主要集中在 15 家大型企业（大多为家族所有）。这些公司出现于 20 世纪 50 年代末新首都巴西利亚建设期间，在军事独裁时期（1964—1985 年）获得了迅猛的扩张，目前主导着巴西的公共工程市场。据称，贿赂让这些公司获得了数百份合同，并将其分配给该公司的成员。国家石油公司的那些腐败的董事将这些资金的一部分输送给任命他们的政党。高级联邦警察和公共检察官很明显地从政治上利用了这一调查。他们无视社会民主党卷入类似案件的线索，有选择地向相互竞争的媒体泄露机密或误导性信息，并在 2014 年总统选举前夕不断要求劳工党妥协。他们还非法逮捕公司高管，以迫使他们达成抗辩交易，而那些拒绝配合调查的人则被无限期关押在监狱里。通过这样的操作，联邦警察和总检察长办公室能够确保调查总是会出现在头条新闻上，并最终变成了一部充斥巴西晚间电视的滑稽肥皂剧。与此同时，社会民主党还成立了一个国会委员会来调查巴西国家石油公司的腐败问题，从而进一步加剧了双方的对抗。主流媒体开始猜测，是否会对迪尔玛·罗塞夫发起弹劾程序。这些媒体还认为，结束巴西国家石油公司腐败的唯一途径，就是取消国内的采购政策，取消该公司参与所有油田开发的规定。社会民主党立即在国会提出法案，强制要求实施这些政策变化。这无疑使美国、亚洲和欧盟的大型石油跨国公司、大型造船厂以及石油和天然气承包商感到非常高兴。

欧洲资本争先恐后地涌入建筑业。欧盟贸易专员塞西莉亚·马尔姆斯特伦在《圣保罗州报》刊登的一篇文章中，就巴西公共工程中蔓延的腐败发表了简短的言论。文章的结论是：欧盟只有在欧盟企业更多地进入这个（可能受到污染的）市场的情况下，才会与南方共同市场签署贸易协议。① 遗憾的是，这位欧盟专员没有提到西门子和阿尔斯通的案例，这两家公司承认，为了赢得圣保罗的铁路和地铁系统的合同，曾经向社会民主党的政客支付了大笔款项。有趣的是，这一丑闻从未引起巴西司法或警方的关注。相反，如果国内最大的建筑公司因为巴西国家石油公司的丑闻而没有获得公共合同的资格，欧盟专员肯定会对巴西司法机构的"独立性"感到十分满意。

国际资本和巴西资产阶级中的各个派别希望达到的目标，不仅伤害了国内资产阶级，而且还损害了建筑业和油气产业链中的工人。这些行业严重依赖公共投资，特别是国家石油公司的投资。因此，正统的新自由主义对腐败的抵触是片面和误导性的。它的主要目标不是为了寻求政治和行政的廉洁，而是为了掩盖国际化资产阶级和中上层阶级的野心。其言论和司法调查都是选择性的：他们只针对与新发展主义结盟的机构和政党。由此可见，它们的目标是政府政策而不是腐败行为。这种掩盖是必要的，因为在一个民主国家里，只有得到大众的支持，才能使少数人的利益占上风。如果新自由主义运动承认其目标是削弱巴西国家石油公司并取消国产化政策，那么它将彻底失败。相比之下，煽动公众对腐败的厌恶，会使国际化的资产阶级和中上层阶级劫持公众对白领犯罪的反感，把违背绝大多数人利益的政策变化偷偷夹带进来，使权力集团内部力量的关系转变为对自己有利的关系。

---

① 巴西是南方共同市场成员国之一。——译者注

五、结束语

资产阶级不是同质的阶级，国家也不是任何政府、阶级或小部分人手中的被动工具。这一主张的含义已经在本文通过国际化资产阶级和国内资产阶级之间的冲突得到了检验，这种冲突在巴西劳工党执政时期主导着巴西的政治生活。与中上层阶级一样，广大正规和非正规的工人阶级不能无视这一冲突。

国内资产阶级的新发展主义政策主张大多数人获得有限的收入和就业机会，这一主张有助于改善他们今后继续开展斗争的条件；相比之下，国际化资产阶级的新自由主义政策会加剧收入的集中，加快工人阶级在社会、经济和政治上的解体。

资产阶级内两个派别之间的有限的、不对称的冲突已经在一个专制的资产阶级民主中不断演变。劳工党政府没有为了巩固自己的权力而深化、扩大民主，也没有使民主激进化，反而越来越多地与国家机构纠缠在一起，越来越远离工人阶级和激进城市中产阶级的传统社会基础。这是劳工党的错误信念导致的结果。劳工党错误地认为，如果它能占据数量有限的国家官僚机构的最高层，并设法避免与统治阶级发生瘫痪性的制度上的冲突，那么，它就可以和平地执政，并实施一项潜在的开放式社会民主改革计划。这是非常不可能的，而且也难以真正实现。国际化的资产阶级和中上层阶级的利益控制着媒体和司法机构。后者是既定秩序的倒数第二道防线，最后一道防线是武装力量。它们已经转而反对劳工党奉行的温和的改革主义路线，并使迪尔玛·罗塞夫的政府陷入瘫痪。

现阶段无法回答的问题是，劳工党是否可以在大规模社会运动的配合下，运用行政权力的工具，将既定的特权转变为社会权利，并推动巴西国家的民主化。这将使巴西的经历更接近玻利维亚和委内瑞拉的经历，当然，由于情况完全不同，这一结果是不可预测的。现在这样做未免太晚了，而考虑可能会发生什么，也许还来得及。

（原载《拉丁美洲透视》杂志 2016 年第 2 期）

巴西的新极右翼势力
与右翼秩序的构建

阿里埃尔·亚历杭德罗·戈尔茨坦

阿根廷布宜诺斯艾利斯大学助理教授

【内容提要】2016 年 8 月，罗塞夫被弹劾，劳工党的第四次连续执政结束，巴西政坛进入了一个极不确定的时期。这是由时任副总统米歇尔·特梅尔和巴西民主运动党及巴西社会民主党在政府中的工作人员策划的一场阴谋。这一弹劾被劳工党和罗塞夫谴责为一次"议会政变"。虽然这一过程遵循了必要的步骤，但并不是一个干净的、无瑕疵的过程。米歇尔·特梅尔政府从一开始就不得不面对一个如何维护其政权稳定的困难局面。他获得的授权很弱，因为他的上台执政归功于有争议的弹劾，而不是合法的选举胜利。因此，这个政府几乎没有可靠的政治信誉。卢拉之所以受到司法迫害和监禁，主要是因为右翼希望阻止他参加总统竞选。巴西正在构建的新右翼秩序，并不是一种典型的"议会政变"导致的独裁统治，而是一个去民主化的过程。正如罗塞夫所言，民主正在从内部遭到摧毁，就像一棵树被白蚁吞噬一样。"洗车行动"启动以来，左翼力量已经失去了两个总统任期（罗塞夫和卢拉）。相比之下，右翼势力则在 2018 年一举赢得了选举胜利。博索纳罗的胜利表明，巴西政治文化发生了根本性的变化。这是自 1985 年独裁统治结束以来，第一次有一位拥有反女权主义议程的极右翼候选人有能力将他的信念传播到广泛的社会群体中。他的上台打破了 1994 年至 2014 年总统选举中习以为常的劳工党与社会民主党两强对抗的局面。毫无疑问，博索纳罗代表着"对民主的威胁"。

如果要对巴西社会和政治中发生的深刻危机以及出现的右翼秩序的主要特征有所了解，就需要从发展过程的角度加以考察。本文试图从历史社会学的维度，从一个比偶发事件更广泛的角度来考察政治进程及其所揭示的问题。巴西是如何从一个政治稳定、经济高速增长，并有可能成为 21 世纪具有国际影响力的新兴经济体，沦落为一个深陷政治、经济和社会危机的国家的？这场危机对巴西政治的未来将产生什么样的影响？危机中崛起的右翼秩序的主要特征是什么？这一秩序与极右翼政客雅伊尔·博索纳罗的上台执政又有什么关系？

要回答这些问题，应该首先介绍一下巴西的劳工党政府所倡导的发展主义模式是如何陷入严重危机的。然后，本文将考察以下问题：迪尔玛·罗塞夫总统在 2016 年 8 月是如何被弹劾的，在米歇尔·特梅尔执政期间新右翼秩序的特点是什么，极右翼领导人博索纳罗在政治上是如何崛起的，巴西新右翼秩序产生的氛围是什么。

一、"罗斯福式梦想"的终结

在 2003—2010 年卢拉政府执政期间，巴西是用这样一种说法来指导经济政策的：巴西在发展，社会不平等问题在减少，渴望成为一个新兴强国。巴西与南美洲国家联盟等区域组织一起，制定了一项在拉美和非洲实施的南南合作政策，还敲定了由巴西国家开发银行提供资金、为玻利维亚建设一条国家公路和为古巴建设马里埃尔港的国家建设项目。

在此期间，外交部长塞尔索·阿莫林提出了一种"积极的替代外交政策"，使巴西对国际关系的影响日益扩大：巴西渴望成为联合国安理会常任理事国，并成功举办 2014 年世界杯和 2016 年奥运会这两项重大体育赛事。在此期间，卢拉还积极地斡旋巴以冲突以及调停洪都拉斯针对塞拉亚总统的军事政变等国际事件。巴西驻洪都拉斯使馆为塞拉亚提供庇护，并组织力量，反对发动政变的人。这一切行为以及国际地缘政治局势的变化，似乎为巴西创造了一个优良的环境，使巴西发挥领导作用的愿望有可能逐渐成为现实。与此同时，金砖国家组织的创立在一定程度上体现了美国实力的式微和中国、俄罗斯的崛起，这似乎赋予巴西在世界舞台上发挥其影响力的一个独特机会。

正是在这一背景下，在 21 世纪的最初几年里，巴西最贫穷人口的社会状况因实施"家庭补助计划"等社会方案而得到了明显改善，大大提高了他们的生活条件（尤其在巴西东北部地区），并逐步消除了这个国家过去被视作"贝林迪亚"现象。① 显然，巴西正面临着一种无法抹去的不平等，这种不平等使得圣保罗最富有的企业家和南部的土地所有者，与生活在东北部皮奥伊州和马拉尼昂州赤贫条件下的穷人之间形成了极其鲜明的对比。辛格将巴西劳工党试图创建一个包容、融合和减少不平等的政府，描述为一个"罗斯

---

① 贝林迪亚译自 Belindia，Belindia 是比利时（Belgium）和印度（India）的组合词。巴西的不同地区之间、不同阶层之间的繁荣和落后有着很大的反差。繁荣的犹如比利时，落后的犹如印度。——译者注

福式梦想"。① 尽管卢拉受到了司法部和主流媒体的攻击,但多年来卢拉政府仍然获得了广大民众的支持,因为他把巴西东北部穷人纳入了所谓"包容革命"。这些政策的实施结果在卢拉总统和民众之间产生了一种新的关系,这种关系似乎是巴西穷人和前总统热图利奥·瓦加斯之间建立的魅力关系的崭新表现。因此,这些政策被定义为"卢拉主义",并已深入人心。

2005 年,巴西爆发了一桩名为"月费案"(mensalão)的腐败丑闻,涉及劳工党向国会议员支付报酬以换取和拉拢选票。② 卢拉在巴西东北地区的贫困人口中的"领袖魅力",使之成为抵御这一指控的强大缓冲。而且,卢拉的声望使他在 2006 年再次当选为巴西总统,尽管主流媒体对卢拉的谴责声不绝于耳,社会民主党候选人热拉尔多·阿尔克明不断地重复这些谴责。在卢拉的第二个任期(2007—2010 年)内,巴西经历了一段稳定发展的时期,这大大提高了他的威望和民众支持率,但就在他的任期即将结束之际,卢拉不得不面对两个紧迫的挑战:一是他必须找到一个合适的继任者,因为受宪法限制,他只能任两届总统;二是 2008 年国际金融危机使巴西经济增长放缓。

与劳工党的期望相反,卢拉利用他作为巴西左翼主要领导人的政治资本(他离开职位时的支持率一度达到87%),提名迪尔玛·罗塞夫作为他的继任者,由她参加 2010 年大选。罗塞夫曾在卢拉政府中担任能源部长。在 2005 年年底,经验丰富的左翼政治家、总统府民事办公室主任若泽·迪尔塞乌因受腐败指控而辞职后,罗

---

① André Singer, *Lulismo em crise: Um quebra-cabeça do período Dilma* (2011 – 2016). São Paulo: Companhia das Letras. 2018.

② 2005 年,劳工党议员罗伯托·杰弗逊向媒体爆料称,为拉选票,劳工党收受企业家献金,并挪用政府广告预算和国有控股企业退休金向执政联盟中其他党派的议员按月支付"酬金"1.2 万美元。——译者注

塞夫接替了这一职位。她在 2001 年才加入劳工党，但卢拉对罗塞夫在其任内的工作效率感到十分满意。此外，选择她也是因为她缺乏政治资本，需要依赖卢拉的领导能力。

2013 年 6 月爆发了一场意外的示威运动后，巴西政坛出现了许多不确定性。这一抗议始于圣保罗，目的是要求降低城市公共交通的票价。这一抗议表达了民众对劳工党及其政策后果的潜在不满。但是，此时巴西正在组织国际体育赛事，许多最贫困的穷人仍然过着穷困潦倒的生活。这场示威活动显示了巴西作为一个新兴国际大国的形象与一个其主要问题仍然是不平等和贫穷的国家之间的矛盾。此外，巴西多年的经济增长和社会流动性刺激了下层中产阶级的新需求，而上层中产阶级则感到自己的地位受到了来自底层的"后来者"的威胁。

罗塞夫政府显然无力面对 6 月示威游行后巴西出现的政治困境。示威游行者要求得到更优质的公共服务，但这一抗议同时也象征着新的政治参与形式的出现。政府明显低估了这些新参与者的重要性和庞大的规模。社会的各个阶层和各地区的民众提出了要求政治更加横向和更加透明的诉求，但是劳工党却不能很好地抓住这一机会。① 自 20 世纪 90 年代劳工党进入"政治游戏"以来，它一直在实行一种传统的等级政治，并乐此不疲。

随着时间的推移，劳工党已经发展成为国家的官僚机构，其最优秀的政治领导人得以继续参与国家管理。这也意味着该党开始放弃街头政治，也失去了它与社会运动的特殊联系，尽管这种联系从一开始就是彰显它的身份特征的一个关键方面。劳工党经常说的、也是其追求的最重要的收获之一，就是实现稳定和恢复包容的社会

---

① 横向民主（Horizontal democracy）是相对于纵向民主（Vertical democracy）而言的。在横向民主中，公民享有政治参与、言论自由、直接选举等民主形式的权利。——译者注

秩序。如今这种说法已经变得越来越站不住脚了，不确定性成了这一政治时刻的基本特征。在这种背景下，横向右翼团体利用人们对铲除等级权力制度和反腐败的要求，发出了"到街上去"和"网络反抗"等呼声。示威活动中民众的反腐要求正好被这些组织用来削弱罗塞夫的政治地位，并最终使弹劾程序合法化。这种"政治道德化"倾向于将政治辩论简化为"诚实"与"腐败"之争，没有讨论在一个经济两极分化和不公平的社会中如何实现平等和分配财富。

2014 年的总统竞选对劳工党来说是个不祥之兆，因为罗塞夫与社会民主党候选人阿埃西奥·内维斯的民调数据十分接近。而大选决战的胜利要感谢"红色浪潮"的出现，因为卢拉加入了保护罗塞夫政府的阵营。作为反对党，社会民主党在罗塞夫的第二个任期开始时就采取了一种破坏稳定的策略。该党的主要领导人之一阿洛伊西奥·努内斯（后来成为特梅尔政府的外交部长）表示，"罗塞夫没有享受蜜月的权利"。反对派不接受总统选举结果，于是就开始与政府在国会的主要盟友巴西民主运动党一起密谋反对罗塞夫。

在当时的巴西，最关键的是要在国会中有一个多数党来治理这个国家，政治学家将这一体系描述为"联盟总统制"。但是，两个主要政党（即民主运动党和社会民主党）却在设计一个阴谋，目的是要破坏执政联盟，这对劳工党来说无疑是致命的一击。在这种经济紧缩和腐败指控的背景下，一旦执政党无法在国会维持一个坚实牢固的基础来批准其政治议程，那么政府就完蛋了。长期以来，"联盟总统制"使巴西劳工党处于一种不稳定的平衡状态，并要求劳工党与保守党派建立联盟，以保持多数党地位和政治权力。这种与保守的民主运动党结盟的"务实"执政方式，让罗塞夫陷入困境，使她开始失去社会的支持。2016 年年初，她的支持率下降到只有 10%。

在 2015 年 1 月开始第二任期后，罗塞夫任命若阿金·利维为经济部长，这对民众来说无异于一次冲击。为获得统治阶级和金融市场的支持，这个任命的政治错误在 2015—2016 年的危机中显露无遗。她在 2014 年竞选期间一再保证要扩大社会开支，但此后政府的紧缩政策完全摧毁了最贫困人群对劳工党政府的信心和忠诚。罗塞夫试图重现卢拉 2002 年在"致巴西人民的信"中的承诺，以稳定市场的预期，并将自己打造成一个有希望的候选人，但此时的国际经济形势已经发生了巨大的变化。劳工党在经历了 13 年的执政后，巴西最富有和最贫穷的人之间的"和解协议"再次被提出，但自 2013 年 6 月的示威游行以来，民众的普遍期望发生了根本的变化。民众期待更快的社会流动，主张国家发挥更大的作用，希望提高治国理政的质量，而不是缩小国家的作用，也不要经济遭受剧烈的冲击。正如玻利维亚副总统阿尔瓦罗·加西亚·利内拉在谈到罗塞夫政府时所指出的那样，一个左翼政府总是需要将最贫困的人置于其政策的中心，以保持民众对政府的支持。它不能用牺牲最贫穷者的物质生存条件来安抚最富有者和统治阶级，以避免被社会抛弃。在巴西这样的政党体系中，这可能是一种获得政治权力的权宜策略，但对于一个执政 13 年的左翼政府来说，这几乎不可能成为一种成功的策略。

2016 年 8 月，罗塞夫被弹劾，劳工党的第四次连续执政结束了，巴西政坛出现了一段极不确定的时期。这是由副总统米歇尔·特梅尔和巴西民主运动党及巴西社会民主党在政府中的工作人员策划的一场阴谋。这一弹劾被劳工党和罗塞夫谴责为一次"议会政变"。虽然这一过程遵循了必要的步骤，但并不是一个干净的、无瑕疵的过程。这种情况表明，罗塞夫政府已经失去了国会的多数支持。一旦罗塞夫在"联盟总统制"的政治体系中失去了国会的多数席位，那就无法想象她还能继续执政下去。

弹劾是针对劳工党的一个彻头彻尾的阴谋。大法官塞尔吉奥·莫罗与美国的关系，是他的执法偏见的重要原因。在结束罗塞夫总统任期的过程中，美国通过其非政府组织施加了一定的影响。然而，有必要考虑对这些事件产生影响的其他一些国际因素。自2015年以来，拉美的向右转凸显了委内瑞拉尼古拉斯·马杜罗政府的深重危机（委内瑞拉在查韦斯执政期间曾是该地区一个颇有影响力的国家），也在一定程度上削弱了阿根廷等国的"粉红色浪潮"。阿根廷的毛里西奥·马克里政府是世界上第一个承认对巴西总统的弹劾是一个"公平程序"的国家。人们可以想象，如果阿根廷的克里斯蒂娜·基什内尔领导的中左翼政府在巴西弹劾期间和之后仍然掌权，人们的反应会有多么不同。

巴西社会出现了一个碎片化的新左翼运动，其参与者包括中学生、一些横向组织（如"免费公交车运动""无家可归者运动"）、住房危机导致的不断扩大的城市运动的参与者、参与2018年大选的左翼政治家吉列尔梅·波尔洛的崇拜者，以及左翼政党社会主义自由党的支持者。

2013年示威活动的最引人注目的赢家是右翼运动，它们占据了这场政治危机的中心。右翼势力从左翼政治的分裂中获得了实实在在的好处。在接下来的几节中，我们将考虑新政治秩序的特点，这一秩序是由特梅尔政府时期的不稳定以及巴西社会的进步造就的。

二、特梅尔领导下的新右翼秩序

米歇尔·特梅尔政府从一开始就不得不面对一个如何维护其政权稳定的困难局面。他获得的授权很弱，因为他的上台执政归功于有争议的弹劾，而不是合法的选举胜利。因此，这个政府几乎没有可靠的政治信誉。这样，新的角色出现了，成为占据权力真空的统治者。于是，在"洗车行动"的背景下，巴西的各种社团力量开始相互斗争，以确定各种力量的新的组合关系。特梅尔的一些部长在被任命几周后就被迫辞职，因为他们卷入了每天出现在主流媒体上的腐败丑闻。这给特梅尔的政治基础带来了诸多问题和信任危机。同时，这也给他的主要盟友社会民主党带来了巨大的麻烦。社会民主党本身也存在深刻的矛盾，因为阿埃西奥·内维斯、热拉尔多·阿尔克明和若泽·塞拉等政客希望继续留在政府，而年轻的领导人则愿意放弃议会多数席位，转而支持反对党，以摆脱该党的形象免受特梅尔腐败丑闻的影响。后来，社会民主党的主要领导人明白，特梅尔的右翼对巴西秩序的重组对于提升其政治地位至关重要，也增加了该党成员进入行政部门的政治机会。自 2003 年卢拉登场以来，社会民主党在每一次大选中都以失败告终。

很明显，政治权力的主要中心不再是总统，而是主流媒体、司法部，最终是军方。在这一背景下，司法部门中的一些部门和警方的情报部门，与民主运动党参议院领袖雷南·卡列罗斯之间展开了一场恶斗。为了罢免卡列罗斯，司法部对他提出了腐败指控，从而使这场斗争变得更加激烈。他进行了抵抗，并幸存了下来。这场博杀表明，在这种难以确定新型政治秩序的反复无常的背景下，司法部的腐败指控可能会产生自相矛盾的结果，而且最终要依赖于各种力量的相互作用和博弈。

尽管特梅尔在国会获得了强有力的支持，但他未能为政治稳定找到一个民众基础。他错误地处理了街头抗议活动，并且在干预无地农民运动和镇压街头示威活动方面表现出独裁主义倾向。他还加强了对政府的军事干预，以填补其总统职位的政治真空。这一点在对里约热内卢州军队的干预中表现得尤为明显，这是自实现"再民主化"以来从未发生过的事情。[①]

　　1977 年，阿根廷社会学家胡安·卡洛斯·波坦埃罗曾提出"霸权平局"的概念，用来描述这样一种情况：两个权力集团在争夺社会控制权时，拥有足够的支持否决对方的项目，但却无法获得足够的支持来巩固自己的统治地位。[②] 小博伊托对巴西的这种情形提出了类似的解释。他指出，由工会和面向国内市场的产业组成的"发展主义"集团，与金融、农业综合企业和跨国公司组成的"新自由主义"集团之间，往往存在一种此消彼长的竞争。他解释说，弹劾表明"新自由主义"阵营获得了成功。[③] 特梅尔的新自由主义改革取得了一些进展，并在国会获得了多数席位。他的改革包括劳工改革，这一改革废除了巴西前总统格热图利奥·瓦加斯确立的劳工权利。显然，这是一场不对称的战斗。

　　2017 年年初爆发的"黑心肉"丑闻事件严重损害了巴西在国际媒体上的形象，尤其是因为巴西是世界上主要的肉类出口国之一。[④] 危机最严重的时刻发生在 2017 年 5 月，当时，与这起丑闻关系最密切的 JBS 公司出示了一段与总统对话的录音。特梅尔马上为自己辩护，称自己是经济稳定的保护者。而媒体和投资者则非常担心巴西的经济复苏，因此这个丑闻实际上在"新自由主义"集团内部引发了一场斗争。一些团体认为，特梅尔能确保巴西新自由主义改革得以继续推进，而另一些团体组织则担心，特梅尔的不得人心

---

　　① 1964 年 3 月 31 日，巴西军人政变上台，实行独裁统治；1985 年 1 月，军人执政结束；1989 年，首次以全民直接选举方式举行大选，民主化再次出现在巴西。——译者注

　　② Juan Carlos Portantiero, "Economía y Política en la Crisis Argentina: 1958 – 1973." *Revista Mexicana de Sociología* 39：531 – 565. 1977.

　　③ Armando Boito Jr. , "Os Atores e o Enredo da Crise Política," pp. 23 – 30 in Ivana Jinkings, Kim Doria, and Murilo Cleto (eds.), *Por Que Gritamos Golpe?：Para Entender o Impeachment e a Crise Política no Brasil.* São Paulo：Boitempo Editorial. 2016.

　　④ 巴西警方发现，多家肉商涉嫌向已过期的肉类添加化学品，以掩盖臭味。此外，肉商还贿赂卫生检查人员，使这些变质肉流向市场。——译者注

会让他们面临风险，因此特梅尔应该被立刻取代。

在这一时间关头，一些新闻媒体如《圣保罗页报》和《圣保罗州报》支持特梅尔政府在退休和劳动制度方面采取的一些积极的改革措施，但是实力强大的环球传媒公司则断言，总统已经丧失执政能力，应该马上被赶下台。显然，这些不同的反应与这些媒体的性质有关。正如我在其他地方所指出的那样，环球传媒遵循这样一条商业路线：它倾向于根据它认为对其公司有利益的重要方面和影响力而调整政策。相比之下，《圣保罗页报》和《圣保罗州报》则具有更深层次的意识形态和价值观，这决定了它们的编辑取向比较务实。这两家报纸一致认为，有必要完成特梅尔的前经济部长恩里克·梅雷莱斯提出的改革方案，当时梅雷莱斯正在以民主运动党候选人的身份参加总统竞选。有关特梅尔被免职和由众议院议长罗德里戈·马亚接管政府权力的传言，并没有解决这一令人困惑的局面。大部分巴西人在政治上的幻灭也加深了这场危机的性质，这堪与 2001 年阿根廷的政治危机相提并论。

特梅尔实施的计划和他在与罗塞夫执政的联合政府中当选副总统时的计划截然相反。此外，他的执政基础的不合法性迫使他必须获得强大的统治阶级的鼎力支持。为此，他的政府不得不采取一种对市场友好的新秩序，以便结束民族国家主义模式。这一模式一直是巴西政治的主要特征，在劳工党执政期间得到了进一步加强。特梅尔的目标就是要约束在热图利奥·多内列斯·瓦加斯执政时期（1930—1954 年）赋予工会的巨大权力。这就是为什么特梅尔批准了一项劳工改革，收回了整个 20 世纪工人获得的权利。特梅尔政府缺乏民众选举的合法性，因此他只能仰仗统治阶级的支持，无法与统治阶级完全切割。

卢拉受到了库里蒂巴的法官塞尔吉奥·莫罗的司法迫害和监禁。[①] 目的意在阻止卢拉参加总统竞选。这个法官提出了强有力的起诉，但证据十分薄弱，这暴露了法律适用制度的选择性问题。考虑到这位前总统在选举民调中拥有很高的支持率，这成为特梅尔当政期间巴西出现的新右翼秩序的一个关键因素。由于特梅尔政府缺乏民众的支持，他只能将自己的合法性建立在对新自由主义改革感兴趣的公司之上。

当然，巴西正在构建的新右翼秩序，并不像一些作者所说的那样是典型的"议会政变"导致的独裁统治，而是一个去民主化的过程，由新自由主义理念和国际组织去夺取人民的主权。这些国际组织发号施令，要求巴西实施紧缩措施，从而破坏了社会关系。这种秩序描述了一个没有先例的、公众无法参与的民主，用肮脏的手法构建一种亲市场的秩序，并使最重要的候选人无法参加 2018 年的总统选举。正如罗塞夫所说的那样，民主正在从内部遭到摧毁，就像一棵树被白蚁吞噬一样。

一些右翼政客试图通过改变政治文化和公共话语权来提升自己的地位。正如右翼的社交媒体专家、美国总统唐纳德·特朗普的媒体顾问史蒂夫·班农所说的那样，"如果你想改变政治，就必须改变文化"。劳工党政府将不平等和财富分配不均作为巴西社会面临的主要挑战。当劳工党的这一公共话语转变为对腐败和不诚实的讨论时，右翼政客的政治议程就取得了很大进展。在像巴西这样的资本主义外围国家，当政治进程沦为腐败和诚实之间的二元对立时，右翼政客显然会从中获益良多，因为他们牢牢控制着巴西的司法、

----

① 2021 年 3 月 8 日，巴西联邦最高法院法官埃德松·法欣裁定，南部城市库里蒂巴第十三联邦法庭无权审理卢拉被指控的贪污案件。这一案件应在首都巴西利亚的联邦法院重审。——译者注

媒体和竞选资金的分配。

三、博索纳罗与新的极右势力

正是在这一背景下，2018 年的总统选举将前军官、来自里约热内卢的联邦众议员博索纳罗列为颇受选民欢迎的总统候选人。这种情况表明，巴西政治文化发生了根本性的变化。这是自 1985 年独裁统治结束以来，第一次有一位拥有反女权主义主张的极右翼候选人有能力将他的信念传播到广泛的社会群体中，这些群体代表着沉默的大多数。他提倡增加枪支拥有权，并为对贫民窟的军事袭击进行辩护。他的上台打破了 1994 年至 2014 年总统选举中习以为常的劳工党与社会民主党两强对抗的局面。

在此背景下，一些代表主流政治思想的知名作家和出版物，其中包括史蒂文·莱维茨基、弗朗西斯·福山和《经济学人》的编辑，都一致认为博索纳罗代表着"对民主的威胁"。虽然情况确实是这样，但唐纳德·特朗普在美国的崛起也发生了同样的事情。因此，所谓对民主构成威胁这类口号是毫无意义的，它降低了人们进行深思熟虑分析的可能性。它以一种错误的二分法反对"自由主义者"和"民众威权主义者"，忽视了这样一种可能性，即这类候选人究竟是如何出现的，又如何成为选民中重要部分的代表。① 因此，从这个意义上说，特梅尔是热图利奥·瓦加斯倡导的以国家为基础的模式面临的最大威胁，博索纳罗代表着始于特梅尔倡导的市场化改革的延续。

博索纳罗以前是来自里约热内卢的一名无足轻重的议员，所以

---

① "民众威权主义者"（populist authoritarians）是具有民众主义特征的威权主义者。英国《金融时报》认为，美国总统特朗普是民众威权主义者。——译者注

我们不禁要问，为什么现在极右翼要推举这么一位候选人。不仅因为这位候选人构成了对民主的威胁，而且还因为这使巴西民主暴露出自己对公民的欺骗性，这些公民允许这个反体制的极右翼运动从内部发展起来。巴西真正的威胁不是博索纳罗，而是这种精英主义，尤其是这种没有满足绝大多数人的期望的制约性民主。

通常，世界上的大多数极右翼团体都是在大部分人呼吁采取极端方案解决社会问题的背景下成长起来的。这一标准很好地回答了巴西自 2015 年 1 月罗塞夫第二任期以来这个国家经历的重大政治、社会和经济危机。此外，发达的公共社交媒体使得博索纳罗的名声和他的想法迅速从有限的圈子传播到了"沉默的大多数"。可以说，巴西是为数不多的出现博索纳罗这样的极右翼候选人的拉美国家。除此之外，哥伦比亚的右翼民众主义总统阿尔瓦罗·乌里韦在 2002 年至 2010 年期间两次执政。乌里韦的继承人、民主中心党的伊万·杜克也在 2018 年的总统选举中获胜。然而，考虑到哥伦比亚政府和游击队之间的武装冲突，右翼在哥伦比亚的强大存在似乎是可以理解的。右翼势力利用这场冲突，将能够替代其统治的任何进步势力通通定义为"恐怖主义"。

最近，随着巴西最大的建筑公司奥德布雷希特腐败丑闻的曝光，它与政治阶层之间的各种联系也被揭露出来，无数巴西公民对政治的幻想也随之破灭。这种情况让一些选民产生了这样一种想法：需要极端的解决方案才能让国家回归到正确的道路上来。博索纳罗正是在这种选民缺乏选择和巴西饱受持续危机的背景下崛起的。特拉弗索将世界上极右翼政党的崛起与左翼缺乏一种取代右翼的方案联系在一起，尽管自 1989 年以来，左翼替代方案一直是国际政治场景的一个主要特征。[1] 但在巴西，如果不考虑劳工党推行

---

[1] Enzo Traverso, *Las Nuevas Caras de La Derecha*. Buenos Aires: Siglo XXI. 2018.

的项目所面临的危机，不考虑拥护博索纳罗的一些选民以前是卢拉的支持者这一事实，就很难理解这位候选人的突然崛起。换言之，劳工党政府代表着一个现在正在被摧毁的秩序，这就是为什么参加2018 年选举的两位主要总统候选人是卢拉和博索纳罗，选民认为这两位候选人是能够把巴西重新融入社会的两种最好的可能人选。

博索纳罗的个人吸引力是在"卢拉主义"过去 10 年构建的秩序受到侵蚀的地方出现的。这一新的右翼势力结合了经济极端主义和保守主义的社会愿景，仿佛在"卢拉主义的孤儿群"中脱颖而出。博索纳罗提倡激进的解决方案，为此他选择了新自由主义经济学家保罗·盖德斯作为他的主要经济顾问，以获得金融市场和那些担心特梅尔领导下的改革能否获得连续性的建制派部门的信任。博索纳罗和他的选民认为，当前巴西公共媒体是由左翼势力所主导的，并抨击《圣保罗页报》等传统媒体对他怀有偏见。在这方面，他们使用了与唐纳德·特朗普和美国"另类右翼"团体使用的类似论据，将自己定义为体制的受害者和坚决与建制派抵抗的斗士。

巴西基督教福音派拥有的新闻媒体大力宣传右翼政客和福音派的头面人物，如里约热内卢市长马塞洛·克里维拉。此外，他们还通过近年来显著增长的教会势力，扩大自己在社会上的影响力。据了解，博索纳罗与巴西四位重要的福音派牧师建立了政治联系。博索纳罗的执政内阁是在这些福音派领袖的强大影响下被挑选出来的，尤其是在涉及教育、社会发展和外交关系方面的政策，福音派拥有一定的发言权。

综观巴西的极右翼团体与欧美国家的不同之处，可以发现，拉美的政治和社会条件没有使博索纳罗像西方国家那样有机会将移民问题作为其政治议程的核心问题。移民问题一直是全球新的极右翼势力崛起的核心因素，特别是在匈牙利的维克托·奥尔班、意大利的马泰奥·萨尔维尼、德国选择党和唐纳德·特朗普崛起后，这一问题变得更加迫切。面对委内瑞拉移民抵达巴西边境州罗赖马州后造成的混乱局面，博索纳罗只是轻描淡写地提了一下。然而，他使巴西社会中的反动阶层发声，反对"后物质享乐主义"的进步。此外，欧洲出现了民族主义的极右翼，但在巴西，新自由主义的极右翼一直占据着主导地位。

博索纳罗还对 1964 年至 1985 年巴西独裁统治期间发生的政治镇压表示赞许。他在国会支持对罗塞夫进行弹劾，其目的是纪念在独裁统治期间折磨罗塞夫的军人布里汉特·乌斯特拉上校。因此，从这个意义上说，他与智利极右翼领导人何塞·安东尼奥·卡斯特有一些共同之处。卡斯特声称他支持皮诺切特独裁统治的遗产，用军事语言向社会发表讲话："一个被派去打仗、却害怕自己会输的士兵一定是个懦夫"。

博索纳罗对"性别意识形态"进行了抨击，认为它摧毁了学校的权威价值观和传统的性别角色。在这方面，他曾表示，"没有一位家长希望到家后看到，由于学校的问题，自己 7 岁的儿子在玩洋娃娃。"他补充道，他培养出来的孩子不可能是同性恋，因为这些孩子接受了良好的教养。他曾经在国会对一位左翼女议员说："你太丑了，不会被人强奸的。"他还为一项对学校进行军事化管理的提议进行了辩护。他显然在他的支持者中制造了一种错觉，认为他有能力在一个传统规范遭到挑战的社会中重新建立起往日的权威。

在此背景下，2018 年 3 月，巴西女权主义活动家、社会主义自由党副主席玛丽埃尔·佛朗哥在里约热内卢遭到政治暗杀。这一事件揭示了巴西政坛对左翼势力的围剿，因为左翼力量一直在谴责巴西正在形成的右翼秩序。在社交媒体上，极右翼组织认为，这次暗杀是正当的，他们指控这名女权主义活动家得到了贩毒集团的资助。极右翼团体正在推动一项保守议程，抵制对传统的性别等级制度提出疑问的女权主义活动，以重新构建一种理想化的传统性别秩序。

　　博索纳罗的领导力并不是唯一值得人们关注的问题。我们还应该关心的是记者雷纳尔多·阿塞维多、哲学家奥拉沃·德卡瓦略和新数字运动（如"自由巴西运动"和"无政党的学校"）。他们用《政治怀疑主义》杂志和一个名为"自由的出版物"的网站，发动了一场与左翼对着干的"文化战争"。"无政党的学校"试图开除有左翼倾向的教授，认为教育政治化不利于学校的"中立"。此外，保守派还对理论家朱迪思·巴特勒组织的一次学术会议发动了攻击，并叫停了在圣保罗现代艺术博物馆展出的一个图片展览活动。这两次事件只是极右翼对左翼发动攻击的众多事件中的两起。显然，这是一场由右翼界定公共领域问题的文化战争。这种争夺文化霸权的斗争势必会重塑巴西的公共领域，取代建设性的公共辩论，为赢得公众社会中分裂出来的一部分的注意力而展开竞争。这一分裂有利于博索纳罗入主高原宫。①

　　博索纳罗在年轻人和农村的富人中拥有一批忠实的追随者。在与农村民主联盟主席的多次公开会面时，他表示要捍卫土地所有者的"私有财产"权。这些团体支持他提出的以自卫的名义扩大枪支拥有权的建议。他发现，他的主要支持者不是普通民众，而是来自中、上层阶级的那些受过高等教育，居住在南部、东南部和中西部地区内陆的中产阶级年轻人。而巴西东北部一些重要选区则继续支持卢拉。博索纳罗在东北部获得的选举结果非常差。然而，与巴西社会民主党在2014年选举的表现相比，博索纳罗在那里的支持率还是有所增长的。许多巴西人喜欢这位"政治上不正确的"和"真实的"总统。在美国，唐纳德·特朗普也被认为是这样一个人。

　　在巴西的公共安全方面，特别是里约热内卢、萨尔瓦多、贝洛

---

　　① 高原宫是巴西总统府。——译者注

奥里藏特和圣保罗等大城市的安全，博索纳罗为巴西选民提供了"简单的解决方案"。他在提出激进的右翼解决方案的同时，努力展示出一个愿意解决普通百姓生死攸关的具体问题的良好形象。他并不是一个人在推动这些议程。人们通常发现，如果警方对左翼人士采取一些不当的行动，博索纳罗在社交媒体的追随者会道歉。这些左翼人士有时会被说成是"共产主义者"，更糟糕的是还会被说成是制造了当前危机的"左棍"（esquerdópatas）。

最后，极右翼势力和地主对卢拉在南方竞选活动的暴力攻击，无疑强化了这样一种观点：巴西政治中的"欢乐共存"局面因新右翼秩序的出现而正在消亡。在卢拉竞选用的汽车被子弹击中后，圣保罗前州长、总统竞选的主要候选人之一热拉尔多·阿尔克明说，卢拉和劳工党"收获了他们播种的东西"。

四、对右翼新秩序的肯定

事实上，要理解巴西正在出现的新秩序，就有必要以新的方式进行思考。这一右翼秩序的主要特征表现为：（1）树立一个"左翼"对手，以便为镇压活跃分子和社会抗议运动提供合理的证据，确保一个政治忠诚的基础，在没有取得经济成就时，就要善于操纵群体性的愤怒情绪；（2）司法系统应该扮演政治党派角色，通过游说和聘请军事顾问等方式对政治进行强有力的干预；（3）建立一个没有政治参与的脆弱民主；（4）建立市场友好型秩序，摒弃巴西人在2014年选举中投票支持的政纲；（5）推进右翼的公共话语，重新塑造政治文化和公众关心的议题；（6）自1985年重新民主化以来，推举一位极右翼的总统候选人，参加竞选。

当然，我们不能把这个右翼新秩序说成是独裁，也不能说它是一个彻头彻尾的民主政权。巴西已经是一个"激进潜能"被削弱的民主国家。拉美在 20 世纪 80 年代从军政府向民主政府过渡。就此而言，我们可以把巴西看作一个"铁甲型民主"国家。这个概念可被用来表达强有力的大企业对民主的严格限制，因为这些企业可以以自己的利益设计新秩序的规则。这方面最著名的例子是后皮诺切特时代的智利，其宪法保留了军队作为民主卫士的角色，以及有利于右翼政党执政的选举代表制。

巴西的这种新秩序与政治上的"左翼中性化"密不可分。始于 2016 年的罗塞夫被弹劾和前总统卢拉入狱的这一周期，造就了这种中性化。"洗车行动"启动以来，左翼力量已经失去了两个总统任期（罗塞夫和卢拉）。相比之下，右翼势力则在 2018 年一举赢得了选举胜利。

巴西似乎正在重复其受欢迎的改革派领导人遭受政治迫害的历史宿命：1954 年，热图利奥·瓦加斯自杀身亡；左翼总统若昂·古拉特在阿根廷流亡期间神秘死亡，直到去世也没有被独裁政权承认为总统；儒塞利诺·库比契克在独裁政府统治期间死于一场离奇的事故。如今，卢拉仍在被监禁，身陷囹圄。[①] 正如埃利安·布卢姆所说的那样，这个国家似乎正在重演它的历史，因为它没有反思和审视自己的过去，包括在长达 20 年的独裁统治期间军队和其他人犯下的罪行。[②]

对巴西统治阶级来说，特梅尔政府最有价值的成就是用"铁甲型民主"向亲市场的右翼秩序回归。2016—2017 年，巴西统治阶级取得了自卢拉的劳工党在 2002 年 10 月取得选举胜利以来最重要

---

① 2019 年 11 月 8 日下午，卢拉在入狱 1 年零 7 个月后被联邦最高法庭裁定无罪释放。——译者注

② Eliane Brum, "Lula, o humano." *El País Brasil*, April, 2018. https：//brasil. elpais. com/brasil/2018/04/09/ politica/1523288070_ 346855. html？ id_ externo_ rsoc = FB_ CC（accessed April 25, 2018）. "Safatle: ataque a Bolsonaro despolitiza debate e põe esquerda no alvo." *Carta Capital*, September 7, 2018. https：//www. cartacapital. com. br/politica/safatle-ataque-a-bolsonaro-despolitiza-debate-epoe-esquerda-no-alvo（accessed September 28, 2018）.

的一次胜利。在这一背景下，博索纳罗入主高原宫，就是这一右翼新秩序的一个鲜明特征。如前所述，对民主的最大威胁不是主流自由派评论家所说的博索纳罗，而是巴西所谓的精英阶层控制的、腐败的和受限制的民主制度。这一制度用欺骗社会的方法，在内部创造了一种自我毁灭的条件。

在其执政的最初几个月，如果博索纳罗想要建立任何新的政治共识，他就必须要摧毁政治上的旧共识。这就是为什么他一直在攻击主流媒体、左翼势力和巴西利亚的政客。尽管他本人就是其中一分子，但博索纳罗将不得不坐下来与他们谈判，以稳固其政府。通过一个由四方（军队、福音派、土地所有者和金融机构）组成的联盟，他打算根据统治阶层、外国企业和国际金融机构的利益，巩固和重塑特梅尔承诺要实施的新秩序。在还没有出台自己的政治计划的情况下，军方、企业和福音派将采用文化上保守的和经济上具有新自由主义倾向的议程来重塑巴西社会的政治基础。在经济方面，芝加哥神童保罗·盖德斯提出了一项参考了邻国智利总统皮诺切特政权实施的新自由主义的私有化计划，这一计划对巴西的经济和社会无疑是一个考验。在文化上，组建一个以保守的福音派为信仰的政府内阁，标志着巴西在朝着构建这种保守的文化右翼新秩序迈出了第一步。

（原载《拉丁美洲透视》杂志 2019 年第 4 期）

委内瑞拉的资本主义危机
与查韦斯主义[*]

费尔南多·达切夫斯基

阿根廷布宜诺斯艾利斯大学教授

胡安·康布利赫特

阿根廷布宜诺斯艾利斯教授

【内容提要】 与出口原料的其他拉美经济体很类似，委内瑞拉的经济周期具有这样一个特点：一个部门以较高的生产率和一定的国际竞争力去开发自然资源，另一个部门则会专注于生产率较低的国内市场。后者需要从前者获得资金转移，因此两者之间本质上存在某种冲突关系。这种"二元结构"在委内瑞拉是以一种非常特殊的方式展开的。查韦斯政府上台时，恰逢石油地租上涨。这为政府扩大社会支出提供了充裕的资金，也为查韦斯主义赢得了坚实的社会支持。然而，这一上涨并没有创造条件来克服非石油部门对石油地租的依赖。委内瑞拉政府直接参与地租征收的较低程度，与其货币玻利瓦尔的币值高估有关。币

---

[*] 原文题为"查韦斯主义下委内瑞拉资本主义的再生产与危机"。

值高估的幅度甚至高于 20 世纪 70 年代的石油繁荣时期。换言之，国家石油公司向非石油经济部门提供的大部分石油地租，与玻利瓦尔的币值高估后出口贸易成本增加有关。此外，委内瑞拉资本积累过程明显与石油地租的周期性变化息息相关，这一特征在查韦斯政府期间得以重现。石油租金的首要用途不是为工业或基础设施融资，而是高估玻利瓦尔的币值，但币值高估的主要受益者反而是外国资本。尽管币值高估在一定程度上扩大了海外购买力，但也助长了美元的外逃。马杜罗政府如要继续减少国家在租金中的直接参与，那就会损害查韦斯主义的社会基础。归根结底，摆脱外币短缺的有效手段就是对玻利瓦尔的贬值。当然，委内瑞拉经济问题的根源不是抽象的货币政策问题。相反，货币政策是这些问题的症状，即在查韦斯主义下，石油地租的问题只是简单地复制了查韦斯上台前委内瑞拉就已出现的某些资本主义特征。此外，外国资本为了收回其地租而从事的资本外逃，加剧了这一问题的严重性。

尼古拉斯·马杜罗领导的委内瑞拉政府从一开始就面临着一场严重的经济危机：基本商品的短缺，通货膨胀居高不下，官方汇率和平行汇率之间的差距不断扩大，这一切是委内瑞拉 2015 年年末局势中表现最突出的问题。① 这场经济危机对工人们的政治议程构成了直接挑战。然而，要确定解决危机的方法是什么，就要确定到

---

① 2013 年 3 月 5 日查韦斯总统去世。在 4 月 14 日重新举行的总统选举中，马杜罗当选总统，并于 4 月 19 日就职；2014 年 7 月 26 日，马杜罗当选委内瑞拉统一社会主义党主席。——译者注

底是什么原因使这个国家陷入了危机。查韦斯主义的官方回应是，与其说这是一场危机，不如说这是一场经济战争，一场为了在前进过程中克服外部障碍的斗争。以这种方式描述委内瑞拉的形势，意味着我们承认在查韦斯主义的改革进程中，委内瑞拉资本积累进程的一些情况发生了变化。这与以下观点是相同的：查韦斯主义正在建设的"21世纪的社会主义"受到了抨击。换言之，这场危机不是委内瑞拉资本主义特征的一种周期性表现，而是对资本主义变革的一种反应。本文将在分析查韦斯主义经济表现的基础上讨论后一种观点。

我们的方法是对委内瑞拉的石油地租作一番详细的考察。① 与其他出口原料的拉美经济体很类似，委内瑞拉这个国家的经济周期具有这样一个特点：一个部门以较高的生产率和一定的国际竞争力去开发自然资源，另一个部门则会专注于生产率较低的国内市场。后者需要从前者获得资金转移，因此两者之间本质上存在某种冲突关系。这种"二元结构"在委内瑞拉是以一种非常特殊的方式展开的。自20世纪70年代委内瑞拉实施石油资源国有化以来，石油行业一直掌握在国家手中，但国家在掌握了石油地租的征收和控制权后，并不急于纠正这种"二元结构"。即使国家拥有油田的经营权和石油资本，它的经济仍与石油租金的征收周期紧紧地捆绑在一起。石油地租仍然是资本积累的基础，至少自20世纪30年代以来一直如此。然而，目前的情况似乎发生了一些变化，石油租金的数额发生了变化，其征收形式也发生了变化，因此，对非石油部门产

---

① 石油地租（petroleum ground rent）、石油租金（petreoleum rent），都属于地租性收入，在本文中是指委内瑞拉政府从石油开采业中通过征收（appropriation）的方式获得的经济收益（石油收入）。——译者注

生的影响也不尽相同。① 如要分析委内瑞拉的经济前景，我们必须超越为这一周期的每个阶段辩解的话语，着重研究目前征收石油租金的形式。本文将通过分析近几十年石油地租的变迁历史，研究并确定在乌戈·查韦斯执政期间委内瑞拉在全球资本积累过程中的地位发生了什么样的质的变化。

为此，本研究分为四个部分展开。第一部分论述委内瑞拉石油租金的性质、规模和征收方式。我们考察了过去 20 年来国家直接干预石油租金征收方式的变化，探讨了把本国货币玻利瓦尔币值高估作为其主要征收方式的重要性。第二部分分析查韦斯主义如何改变国家征收租金的方式，特别是在油气资源法改革启动之后发生的变化。第三部分论述玻利瓦尔币值高估问题，它被看作征收石油租金的一种主要方式。第四部分探讨查韦斯主义的前景。本文还试图证明，在查韦斯主义统治下，石油地租的增加放大了国家的经济活动，产生了强劲的消费增长和资本积累。尽管表面上看是这样，但这并不涉及地租征收机制的根本改变。玻利瓦尔的币值高估最终占据上风，其直接受益者是进口部门和那些将资金汇出该国的资本家（其中大部分是外国资本）。因此，尽管征收的地租持续增加，而委内瑞拉却始终未能建立一个强大的非石油部门，无法克服石油周期带来的各种限制。②

一、石油租金及其征收

统计石油地租的方式需要明确具体的方法。地租问题与马克思

---

① 本文使用的"征收"（appropriation）一词主要是指委内瑞拉政府用各种方式从石油部门获取财政收入，并不表示如何使用这一财政收入。——译者注

② 石油周期（petroleum cycles）主要是指石油价格以及石油产量的变化。——译者注

所说的征收形式有关，一直在引起热烈争论。这其中包括级差地租、绝对地租和简单垄断地租。就目前的计算而言，将地租确定为剩余价值征收的形式就足够了。在资本主义生产方式中，社会生产是由私人和独立的生产者进行的，生产条件的不可复制性具有财产人格化特点。土地所有者的收入似乎就是土地的价值，尽管土地没有价值，因为它不是人的劳动。原则上，土地所有者的收入是由使用土地的资本家支付的。投入到土地上的资本所产生的利润必须高于另一种无法产生租金的活动所能获得的利润。就委内瑞拉而言，一般来说，这种额外的利润来自其特殊的自然条件，这种条件使得委内瑞拉比其他国家生产石油所需的工作量要少。在一个劳动力可以被复制的工作场所，成本最低的资本往往决定着价格。平均利润率的确定是根据企业所获得的利润来确定的。就石油而言，相比之下，其价格是由在最贫瘠的土地上经营的资本所决定的。这使得那些在劳动生产率高于正常水平的土地上作业的人能够获得额外的利润。此外，即使在最贫穷的土地上，租金也是必须支付的。

这些不同形式的地租往往因竞争而避开了资本家的控制。与其他行业相比，更高的利润率会吸引贪婪的资本家，他们竞相在这块土地上经营，并愿意支付更高的租金。他们使用这块土地后获得的最高报酬等于他们在另一项业务中获得的利润（即平均利润）。超额利润逃脱了资本家的控制，因为它首先落入土地所有者手中。土地所有者作为土地所有权的化身，在没有垫付任何资本的情况下能够获得全球剩余价值的一部分。其受益于资本家对工人的剥削，却不需要进行再生产。

地租似乎直接来自资本家，但资本家用来支付租金的超额利润来自更高的价格。因此，商品的消费者直接支付了租金，而资本家则仅仅充当了中间人。在委内瑞拉，就像出口原料的其他拉美国家一样，商品是供出口的，级差地租来自国外的剩余价值。只要这种可分配的剩余价值高于平均利润水平，来自不同部门的资本家就可以为此展开竞争，不影响石油部门的再生产。换言之，其他资本家可以在损害土地所有者利益的条件下，对地租的征收进行干预，干预的具体形式则是国家调节。国家可以制定政策，为非石油部门征收石油地租。无论是在委内瑞拉还是在其他一些出口原料的国家，外国资本都可以收回这种地租。本文就是要发现查韦斯主义时期外国资本是用什么方式收回这种地租的。

石油地租往往要经历几种连续的征收方式。例如，当国家设定矿区使用费时，它实际上就是在参与租金的征收。有了这些收入，政府可以补贴公司，雇用更多的政府雇员，补贴公共服务费，等等。然而，我们的计算仅限于征收石油收入的第一个行为者。为了估算地租及其征收方式，我们采用了伊尼戈·卡雷拉最初为阿根廷开发的方法（这一方法后来被格林伯格修改后用于巴西）。[1] 在本项研究工作中，我们关注的这一方法的主要贡献是，它解释了国民账户中记录的石油收入产生之前地租征收机制是如何发生作用的（如玻利瓦尔币值高估）。这一特色将这一方法与巴普蒂斯塔和人民政权石油和矿业部所使用的方法完全区别开来。[2]

关于留存石油部门的收入和转移到其他经济部门的收入，我们可以发现两大细分项目：被石油部门征收的地租以及被其他部门征收的地租。前者涉及固定资本和中间资本的消耗、报酬和该部门的净收入，后者包括以下内容：（1）石油部门支付给政府的税款和矿区使用费，以及由委内瑞拉国家石油公司（PDVSA）出资的社会开

---

① Iñigo Carrera, J. *La formación económica de la sociedad argentina*. Buenos Aires: Imago Mundi. 2007.

② Asdrúbal Baptista, *Bases cuantitativas de la economía venezolana*: 1830 – 2008. Caracas: Fundación Artesanogroup. 2011. Ministerio de Poder Popular de Petróleo y Minería, "Petróleo y otros datos estadísticos." 2012. http://www.mpetromin.gob.ve/.

支。（2）玻利瓦尔币值的高估。将石油出口收入强制兑换为玻利瓦尔，意味着购买力从出口部门转移到购买外汇的部门（特别是进口商），因此他们可以轻易获得海外购买力的扩大。促使玻利瓦尔高于平价的定价，可以有多种多样的运作方式。关于地租的计算，我们在前面提到了玻利瓦尔币值高估对石油出口有影响（目前委内瑞拉的石油出口收入约占出口总额的 70%）。此外，正如玻利瓦尔的币值高估涉及从出口部门向进口部门的转移一样，当商品必须在海外购买时，出口部门也会从币值高估中受益。（3）国内油价和国际油价之间的差异。委内瑞拉国内市场的燃油价格明显低于国际市场的参考价格。这种情况是可能的，因为委内瑞拉存在大量的级差地租，可以分配给非石油部门，而不需要向其收取租金。（4）玻利瓦尔币值高估对国际油价和国内油价的差距产生了影响。①

通过对石油地租及其主要征收方式的计算，可以看出，进入 21 世纪以来，随着石油价格的上涨和征收方式的变化，可征收的地租金额大幅增加。始于 20 世纪 90 年代的石油"开放"减少了国家在租金中的参与。② 查韦斯政府执政初期，国家在租金中的参与略有增加，当时玻利瓦尔的币值高估被明确用作征收石油租金的主要机制。为了对查韦斯主义改革过程有一个客观的分析，我们必须要研究国家对地租的干预及其征收方式。

在 21 世纪头十年里，玻利瓦尔币值高估是政府在征收石油租金时采用的主要机制，因此这一事实很容易被解读为：在查韦斯主义统治下，国家减少了干预，转而支持市场机制。然而，这种理解还不足以解释查韦斯主义的改革进程。在查韦斯的第一个任期内，

① 委内瑞拉国内油品市场的价格大大低于国际市场油价。——译者注

② "国家在租金中的参与"（state participation in the rent）是指国家通过征税以及征收矿区使用费等方法获得财政收入。——译者注

国家采取了多种措施，旨在使国家的财政从石油地租中获得更多的收入。因此，2002年发生的石油罢工和政变，不能简单地被视为国家降低了对租金的管理。此外，币值高估虽然是一种不同于税收的征收机制，但与国家直接干预也并非没有关系。一方面，在初级地租的征收中，国家可以通过货币政策进行干预；另一方面，由于委内瑞拉的货币分配制度由政府管理，因此，政府会干预租金在受益者中的分配。

二、查韦斯主义与国家在石油地租中的直接参与

关于国家财政参与石油地租以及随后的直接征收，查韦斯主义改革进程出现过两个转变：一是通过重新评估矿区使用费的方式，改变税收形式；二是国家石油公司直接扩大社会支出和投资融资。这两种形式都给查韦斯政权制造了重大冲突。查韦斯在第一个任期内的所作所为是对20世纪90年代石油自由化作出的一种反应。自20世纪80年代初以来，虽然自由化的趋势已经十分明显，但是，随着1989年危机的到来，这种趋势得到了进一步的加强。因此，这一过程影响了地租的分配方式，从而改变了国家征收的方式。在90年代期间，委内瑞拉共签署了32项经营协议和8项利润分享协议。矿区使用费收入的降幅如此之大，以至于一些边际油田只有微不足道的1%。因此，在90年代期间，矿区使用费被重新定义。1996年后，允许国家更好地控制征收的参考性财政价格被取消。矿区使用费收入能使财产所有者保护自己，使资本家无法操纵与支付有关的收入记录。确实，正如门多萨·波特拉所强调的那样，在国家石油公司的国际化背景下，管理层为其子公司设定了转移价格，

允许它们逃避租金支付。① 这些政策的结果是国家从石油中获得的财政收入明显减少。在 1980 年至 1989 年间，石油部门为国家财政收入作出的贡献平均为 70%，但到 2001 年，这一比例下降到只有 30%。

政府财政减少在地租中的参与，远非被视为短暂的措施，也没有被视为不利于吸引外资，而是被誉为克服经济中所谓地租型政策的长期战略，这种地租型政策被视为扼杀石油行业的元凶。② 因此，国家石油公司首席经济学家拉蒙·埃斯皮纳萨说："追求最高租金的财政压力已经摧毁了国家石油部门"，在其他产油国，"税收制度较为灵活和有效，使政府和整个经济都受益。"③ 其结果是，由于委内瑞拉没有可以再投资的领域，因此，在委内瑞拉经营的公司只能把利润转移到国外。

减少石油地租的税收对于开发边际油田来说是十分必要的，这是因为，如果这些油田的租金高，那就无法开采。在这方面，委内瑞拉正在效仿英国和挪威，因为这两个国家取消了矿区使用费，只对现金收入征税。石油自由化的高峰期出现在 1997—1998 年，当时，石油输出国组织（欧佩克）的石油出口量达到了历史最高水平，石油收入在财政收入中的比重不到前 10 年的一半。然而，1998 年出现了一种截然不同的政策迹象。在国际危机和财政危机的双重打击下，总统拉斐尔·卡尔德拉和欧佩克成员国同意减产，以阻止国际油价的持续下跌。在查韦斯担任总统后，委内瑞拉的石油政策出现了逆转，石油出口量开始下降，并且与欧佩克达成协议，

① Carlos Mendoza Potella, *Nacionalismo Petrolero Venezolano en Cuatro Décadas.* Caracas：BCV. 2010.

② "地租型政策"（rentier policy）是指与地租有关的政策，地租型经济体（rentier economy）、地租型国家（rentier state）都是指严重依赖地租的经济体或国家。——译者注

③ Ramón Espinasa, "El Marco Fiscal Petrolero Venezolano：Evolución y Propuestas." *Revista del Banco Central de Venezuela*, no. 3, pp. 293 – 342. 1999.

将超重原油纳入配额和国际储量的计算中。那一年，一场收回矿区使用费的斗争开始了，并且在查韦斯任期内愈演愈烈。1999—2001年，政府通过了涉及油气行业的两项法律，其核心是恢复矿区使用费和确保税收收入。矿区使用费不再根据项目的内部收益率来进行计算，而是把基本税率设定为30%，并根据生产率进行调整。这些措施对石油税的征收产生了重大影响。1997年，矿区使用费占石油收入的比重为32%，到2003年已上升到74%。

如何确定租金的方式发生变化后，必然会在国家石油公司的管理上引起冲突，是因为该公司已经不仅仅是一家国有企业了。查韦斯把它比喻成"国中之国"的说法毫不夸张。石油政策的变化使查韦斯政府在处理地租征收的过程中取得了一些进展。除税收改革外，国家石油公司还直接承担了一部分由政府承担的支出，如为一些社会项目和国家发展基金提供资金。这些贡献的数量不断增加，已经到了超过矿区使用费的地步了。2012年，该公司的贡献高达439亿玻利瓦尔（现价），远远超过矿区使用费的收入（不到200亿玻利瓦尔），这显然是该公司对国家的一大贡献。

石油收入的增加以及政府对石油收入的直接征收，使政府能够为社会政策的重大扩张提供足够的资金。最近的研究表明，委内瑞拉的社会支出有所增加，特别是查韦斯连任后，用于每个居民的实际社会支出比20世纪90年代增加了五倍。与以往任何一届政府相比，查韦斯政府的特点是，福利政策照顾的是工人阶级的过剩人口，而不是那些实力不断强化的资本。

无论如何，与20世纪90年代相比，委内瑞拉地租收入形式的改变并不意味着政府财政占石油收入的比重在扩大。国家收入的增加为更大的社会支出提供了源源不断的资金，这主要是由石油价格的短暂上涨造成的，而不是因为国家参与国家石油公司获得的收益比例在扩大。在查韦斯执政期间，国家对石油财富的征收大幅增加，但自 2008 年以来，特别是自 2009 年全球危机以来，它的购买力出现明显的下降。政府直接参与地租征收的较低程度，与玻利瓦尔货币的币值高估有关。币值高估的幅度甚至高于 20 世纪 70 年代的石油繁荣时期。换言之，国家石油公司向非石油经济部门提供的大部分石油地租，与玻利瓦尔的币值高估后出口贸易的成本增加有关。

三、非石油部门、币值高估与国家干预

实际上，委内瑞拉货币玻利瓦尔的币值高估并非始于查韦斯政府。从有利的角度来看，这种币值高估是委内瑞拉资本积累的一个条件。在委内瑞拉的石油历史上，币值高估是周期性发生的。通过分析玻利瓦尔货币的长周期，巴普蒂斯塔记录了 20 世纪 30 年代中期玻利瓦尔币值高估的情况，当时石油是委内瑞拉出口创汇的主要收入来源。[1] 在进口替代工业发展的过程中，币值高估被看作国内市场部门征收租金的一种有效机制。格拉认为，进口替代建立的产业需要一种币值高估的货币，以降低资本货物和原料的进口成本，因为资本货物和原料对制造业的发展与巩固具有至关重要的作用。[2]这一过程从战后便开始不断得到加强，因为从那时起，工业化开始与粮食生产分离，转向资本构成更密集的工业。在经历了 20 世纪70 年代的石油繁荣之后，委内瑞拉经济出现了一些显著的变化。一方面，大量企业被国有化，国家征收地租的形式发生变化；另一方面，委内瑞拉的非石油部门在 20 世纪 80 年代后开始走下坡路，

① Asdrúbal Baptista, *Teoría Económica Del Capitalismo Rentístico*. Caracas：Banco Central de Venezuela. 2010.

② José Guerra, "La política cambiaria en Venezuela：el debate inicial," pp. 169 – 223 in José Guerra and Julio Pineda, *Temas de Política Cambiaria en Venezuela*. Caracas：Banco Central de Venezuela. 2004.

许多企业纷纷破产。在 1974 年至 1983 年间，石油收入的增加转化为固定资本投资的扩大。在投资规模不断增长的过程中，国家进行了直接干预，为该国的电力、电话、加拉加斯地铁、钢铁、铝和石化行业的基础设施提供了大量资金。

20 世纪 80 年代初，非石油部门经济出现了停滞，工业生产率也在下降，即使从绝对值来看也是如此。委内瑞拉是为数不多的几个几十年来物质生产率停滞不前的国家之一。在这种经济崩溃的背景下，币值高估成了争论的主题。莫莫尔和巴普蒂斯塔指出了所谓"地租型政策"对经济产生的负面影响。这个问题与委内瑞拉的特点无关，但为我们解释科登提出的"荷兰病"提供了一个经典的视角。[①]

委内瑞拉经济崩溃的原因，仍然是一个争论不休的主题，但超出了本文研究的范围。我们可以把问题的根源归咎于石油地租和玻利瓦尔货币币值的高估。在经济崩溃前的几十年里，委内瑞拉的工业增长一直是由这一机制驱动的。在 1989 年发生危机的背景下，大幅贬值后的玻利瓦尔开始出现了一定幅度的升值。在查韦斯的第一个任期内，玻利瓦尔币值高估的力度进一步加大，在 2010 年达到了峰值（459%）。从那时起，尽管玻利瓦尔出现连续性的名义贬值，但与平价相比，它仍然是被高估的，并已成为征收石油地租的主要机制。在 2010 年至 2015 年年底，玻利瓦尔出现了 43% 的名义贬值，但货币流动性增加了 1100%，通货膨胀率增加了 600%。这

---

① 20 世纪 60 年代，荷兰开始出口天然气。随着出口量的上升，天然气出口收入快速增长。但是，天然气带来的不仅仅是源源不断的财富，而且还有一系列不利于国民经济结构正常运转的副作用：天然气出口收入的急剧增长提高了荷兰货币（盾）的汇率，从而使制造业部门在面对外部竞争时处于不利的地位，而工业生产的下降又导致失业率上升。这种由初级产品出口收入的剧增所导致的不良后果被称为"荷兰病"。1977 年 11 月 26 日出版的英国《经济学家》（又译《经济学人》）最早使用这一名称。马克思·科登提出的"荷兰病"模型在国际学术界享有盛誉。——译者注

些失衡的结果导致玻利瓦尔的币值被越来越高估，2015 年达到了惊人的 1586%。

这一切所造成的结果是，那些将玻利瓦尔兑换成美元的部门获得了直接的好处，其中包括从事进口贸易的部门，也包括那些在委内瑞拉开展业务，然后将利润或购买的资产转移到海外的部门。截至 2014 年第三季度，委内瑞拉的私营部门进口了 174 亿美元的货物，但是，由于玻利瓦尔的币值高估，用于支付这些进口的玻利瓦尔元仅相当于 19 亿美元。这是一种最终使进口商受益的石油地租的转移。此外，这一转移可能存在一定的欺诈行为，亦即并非所有申报的商品都是进入委内瑞拉市场的，实际上成了资本外逃的一种机制。2013 年，进口商购买力的 89% 是免费的石油租金。

币值高估不是不会带来有害的失衡，而是会构成一种强大的购买力转移机制，因此，这种失衡是有限度的。例如，将美元汇率定在 6.30 玻利瓦尔（甚至更低），就意味着向进口部门转移购买力。转移的程度如此高，以至于社会对进口产品的需求得不到满足。过度的币值高估迫使政府对谁能获得更便宜的美元施加了一定的限制，这就导致平行市场上美元的价格上升（相对于官方美元而言）。① 至 2015 年第四季度，平行市场汇率升至 880 玻利瓦尔，而官方汇率保持在 6.30 玻利瓦尔。这意味着，只有那些按照政府设定的汇率进行操作的人才能参与租金的征收。被高估的官方汇率与平行市场汇率之间的差距越来越大这一事实充分说明，用石油租金补贴国外的购买力这一做法是有局限性的。

财政干预与币值高估之间的不同之处，可能会给人一种印象，即国家和市场征收租金的形式存在一定的差别。而实际上，最终决

---

① 平行市场就是常说的"外汇黑市"。在委内瑞拉，"外汇黑市"司空见惯。"外汇黑市"上美元的汇率与官方汇率相差很大。——译者注

定谁将从玻利瓦尔币值高估中受益的是委内瑞拉政府，因为它代表着国家资本。根据委内瑞拉国家对外贸易中心（Cencoex）的数据，在2004年至2012年期间，在获得外汇最多的50家公司中，有27家是外国公司，它们获得了外汇的20%。这些外国公司在2014年控制着20%的外汇，但汽车组装企业的外汇储备则大幅减少，那些与直接消费有关的公司（尤其是宝洁和嘉吉），几乎挽回它们所有的汇兑损失。这再次表明，维持委内瑞拉工业机器运转的地租已经耗尽，取而代之的是消费品的直接进口。

根据委内瑞拉中央银行提供的1998—2014年的数据，在用石油地租支付的进口商品中，平均52%主要用于购买生产用品（中间消费品）。这说明，币值高估形成了一种支持低效的本地资本的机制。它与工人阶级之间存在某种冲突关系，尽管工人阶级得益于通过社会支出和廉价进口商品来扩大他们的消费能力。国内外一些从事进口贸易的部门是通过币值高估来获取石油租金的，目的是扩大国内市场，但结果却加深了自20世纪80年代开始的工业部门遭遇的危机。随着20世纪六七十年代工业扩张的继续，委内瑞拉如同阿根廷和巴西等国，地租的征收是通过建立低生产率的外国企业和本国企业来实现的。由于受到补贴和关税保护，这些企业将一部分地租转移到国外。目前，一种新的租金征收形式开始应运而生，它与自由贸易和金融之间的联系更加紧密了。

玻利瓦尔的币值高估不仅惠及进口部门，也使外国企业在委内瑞拉受益无穷。正如我们已经证明的那样：一方面，币值高估通过国家开支和扩大其海外购买力，使外资企业受益；另一方面，币值高估增强了外资企业将利润汇往海外的能力，并用在委内瑞拉获得的玻利瓦尔收入购买海外资产。那几年，委内瑞拉的公共资本和私人资本在海外购买资产的力度有所增加，但由于受危机的影响，这一趋势已开始减缓。

四、查韦斯主义的经济局限性和前景

查韦斯政府上台时，恰逢石油地租上涨。这为政府扩大社会支出提供了充裕的资金，也为查韦斯主义赢得了坚实的社会支持。然而，这一上涨并没有创造条件来克服非石油部门对石油地租的依赖。委内瑞拉资本积累过程明显与石油地租的周期性变化息息相关，这一特征在查韦斯政府期间得以重现。石油租金的首要用途不是为工业或基础设施融资，而是高估玻利瓦尔的币值，但币值高估的主要受益者反而是外国资本。尽管币值高估在一定程度上扩大了海外购买力，但也助长了美元的外逃，并使人们对其可持续性产生了怀疑。为此，政府不得不通过外汇分配来限制对美元的需求，这就造成了官方汇率和平行汇率之间的差价。维持本国货币的币值高估需要地租的不断增加，而增加地租已经面临着一个难以克服的制约。鉴于全球原油产量出现过剩，短期内大幅度增加石油出口量似乎不太可能。如果委内瑞拉的地租没有出现大幅的增加，那么币值高估只能以牺牲其他机制为代价。然而，马杜罗政府如要继续减少国家在租金中的直接参与，那就会损害查韦斯主义的社会基础。用币值高估的方法来转移租金是有缺陷的，减少国家在石油部门的参与不仅无法消除这一缺陷，而且还会影响资本的再生产。事实上，从国家石油公司的财务报表中可以看出，向非石油部门转移租金的增加必然会导致公司盈利能力下降。

从 2001 年至 2014 年国家石油公司的盈利情况来看，很明显，地租的征收正在削弱公司的扩张能力，这种对公司的发展的制约迟早应该被逐步取消。近年来，公司相对于资产而言的盈利能力呈现逐渐下降的趋势，而相对于股本而言的盈利能力则呈现大幅上升的态势，两者的差异清楚地表明了上述制约对该公司所造成的影响。

2013 年，公司的盈利能力（相对于股本而言）出现大幅的增长，从根本上来说，这归因于公司自有资本的减少。而负债水平的增加，则导致负债与资产的比率从 2001 年的 20% 快速上升到 2014 年的 63.4%。

归根结底，摆脱外币短缺的有效手段就是对玻利瓦尔的贬值。虽然贬值有利于石油部门，并减少美元外逃的压力，但这将导致萧条的国内市场出现更大范围的动荡。委内瑞拉经济问题的根源不是抽象的货币政策问题。相反，货币政策是这些问题的症状，即在查韦斯主义下，石油地租的问题只是简单地复制了查韦斯上台前委内瑞拉就已出现的某些资本主义特征，即用征收的租金维持那些低效率的小资本，而这些小资本根本无法在全球市场上立足。此外，外国资本为了收回其地租而从事的资本外逃，加剧了这一问题的严重性。

在这一点上，分析地租征收对非石油行业竞争力的影响就变得至关重要。在委内瑞拉，将地租转让给外国资本可以被解读为一种务实的发展主义政策，目的是克服本国资本的局限性，但委内瑞拉的工业生产率不允许得出任何这样的结论。众所周知，委内瑞拉的石油工业不仅远远落后于美国（我们用美国来代表全球有竞争力的资本），而且长期停滞不前。委内瑞拉工人的人均生产量仍保持在 20 世纪 80 年代初的水平，这是该国产业资本落后的一个特征。这种低生产率表明，在通常情况下，资本无法在全球竞争中实现再生产。而币值高估使这种情况变得更加复杂：虽然进口成本降低了，但不得不使地租的征收成为再生产的一种必要条件。对截至 2008 年的非石油资本盈利能力的研究表明，如果没有地租的征收，非石油部门的资本收益将是负值。在查韦斯执政期间，非石油产业资本的有限竞争力通过众多企业的破产和倒闭得到了一定程度的加强，从而直接为以委内瑞拉最大的国营钢铁生产公司西多尔（Sidor）

为榜样的国有化进程铺平了道路。但是，国有化非但没有扭转经济危机的颓势，反而用补贴掩盖了危机的爆发。不仅如此，政府公布的财务报表显示出系统性的大幅度亏损。国有企业的扩张和政府支持的合作社的创建并没有扭转这些状况，反而通过国家的保护，使委内瑞拉经济成为一种地租型经济。

上面描述的进程会遇到什么样的前景？石油收入的周期性特征迫使我们思考这样一个问题：面对地租收入的不断收缩，查韦斯主义留下了什么样的遗产？摆在工人阶级面前的替代方案似乎就是捍卫政府，或者听从以前的和现在的政治家，做一些改变，但这些政治家代表的是低效率的资本的利益。虽然有人提出建议，要实施激进化的替代方案，但我们在对其方案内容进行考察时发现，这一激进化的替代方案被证明是行不通的。鉴于马杜罗的政策偏差是导致这些问题的根源，因此，一些人呼吁，要恢复原来查韦斯主义的政策主张。他们把信心寄托在合作社和从事社会生产的公司上，但没有看到这些公司和企业早已因为租金收入的捉襟见肘而无法生存。虽然合作社似乎能很好地保障就业，但它们反而制造了更多的问题，而不是解决问题的最佳方案。

另一些人则倾向于采取一种对抗资本的举措，即征收租金，并要对外贸活动实施国有化，以对抗投机商和囤积者发动的所谓"经济战"。这种孤立的措施会导致租金征收的收缩和下降，但不清楚这一措施针对的究竟是谁。如果对外贸易被国有化，但无法决定谁获得这些进口商品，同时也无法决定其获取租金的方式，那么，这个问题还会再次暴露，成为国家内部的一场"争夺战"。如果租金继续下降，国家就无法继续把贸易作为租金转移的一项有效机制，因为它要么不得不提价，要么完全停止进口。不过，这一提议的一个积极方面是，它揭示了国有化的局限性。工人阶级的政治行动问题既不是支持国有制或合作社，也不是为了实现两者的结合。问题的关键是如何有效地组织生产。如要使这一战略取得成功，就必须在全球工人阶级团结一致的条件下，克服本国资产阶级和国家项目的局限性，因为本国资产阶级和国家项目用石油租金去奖励那些低效率的本国资本和外国资本。

　　当然，这一前景看起来可能还很遥远。但是面对危机以及资本集中化不断加强的趋势，我们不应该像游离在社会核心之外的工人阶级那样对资本提出简单的否定。我们应该承认，工人自身发展提供的力量不仅可以在更大程度上满足工人的需要，而且，在目前冲突加剧的情况下也显得更加现实。就此而言，在查韦斯政府增加地租的时期，为捍卫工人阶级生活水平而进行的必要斗争才是真正的进步，而不仅仅是进步的表象。

（原载《拉丁美洲透视》杂志 2017 年第 1 期）

哥伦比亚的黑人妇女与采掘主义[*]

卡斯特丽拉·埃斯特·埃尔南德斯·雷耶斯

哥伦比亚的非洲裔女性活动家、马萨诸塞大学

阿默斯特分校人类学博士生

【内容提要】非洲的殖民主义崩溃后，全球化资本主义的危机使新殖民主义转向南美洲和非洲地区的采掘主义，并通过国际贸易、援助和投资政策，将这些前殖民地置于北方发达国家组成的资本主义帝国主义势力的控制之下，确保来自发展中国家的资源继续流向发达国家。在 16 世纪至 18 世纪期间，被奴役的黑人逃离了奴隶制度，建立了他们自己的自治领土。这些被称为"逃奴堡"的地方，成为逃离奴隶制的非洲人自己建立的最早的领地之一。自那时起，他们的后代一直居住在那里。进入 20 世纪 90 年代后，拉美的黑人社区动员快速发展，因为哥伦比亚、厄瓜多尔、巴西和危地马拉的黑人运动已经获得法律上的承认和保护，他们的集体权利和文化多样性成为国家的决定性因素。但是，作为种族化资本主义项目的一部分，新殖民主义形式的采掘主义产生和复制了物质形式的

---

* 原文题为"哥伦比亚黑人妇女反对采掘主义、土地剥夺和被边缘化的斗争"。

排斥、种族主义、不平等和压迫，因此下层人民的动员和其他形式的抵抗正在拉美不断展开。在哥伦比亚，随着宪法改革和1993年《黑人社区法》的通过，哥伦比亚出现了强大的黑人社会运动。下层和受压迫的妇女一直积极参与反对新自由主义发展和新殖民主义的运动。2014年爆发的"头巾游行"抗议活动，呼吁人们关注在没有事先协商的情况下把采矿特许权授予跨国公司、白人和梅斯蒂索人后产生的影响。黑人妇女的激情、愤怒、勇气、爱和希望提供了另一种让她们获得解放的机制，使我们重新认识非洲人，也使哥伦比亚的非洲裔女性获得了生活的意义和归属感。

2014年11月17日，来自考卡省的40名黑人妇女在第一次"关爱生命和祖传领地动员行动"中步行400英里后抵达波哥大。她们高喊"领土和生命是不能出卖的。它们应该是被关爱和捍卫的！""木盆，可以的！挖掘机，不行！"① 她们谴责非法采矿、污染水资源以及在其领土上实施暴力。她们反对哥伦比亚政府为了促进资源开采和发展农业综合企业而实施新自由主义政策，这些政策造成了土地剥夺、被迫流离失所和社会边缘化。她们还谴责政府未能将非法挖掘机和其他采矿设备从她们的集体所有的土地上移走。这些妇女要求保障她们在祖传的采矿、捕鱼和农业中工作的基本权利，因为这些行业为她们提供了经济上的生存条件。

这一被大众媒体称作"头巾游行"的抗议活动，呼吁人们关注在没有事先协商的情况下把采矿特许权授予跨国公司、白人和梅斯

---

① 木盆（Bateas）是一种当地人在淘金时使用的传统的木制手工用具。——译者注

蒂索人后产生的影响，这些特许权旨在剥削少数民族社区的集体土地。① 它谴责政府官员对黑人的虐待、针对黑人的种族主义，以及武装分子（准军事组织）对其领导人发出的死亡威胁。这些妇女占据了吉拉达宫，要求与政府对话。② 她们勇敢地表达其愤怒和痛苦，质疑官员们将黑人社区称为"不守信用的破坏者"和"经济进步的敌人"。迫于压力，政府同意停止未经协商而授予的采矿特许权，还同意拆除非法的挖掘机和其他设备，并建立一个机制来监测协定的进展情况。

新殖民主义形式的采掘主义是种族化资本主义项目的一部分，产生和复制了物质形式的排斥、种族主义、不平等和压迫，因此下层人民的动员和其他形式的抵抗正在拉美不断展开。黑人妇女的斗争是如何有助于理解这种抵抗的？新自由主义的采掘经济在哥伦比亚是如何维护种族主义和阶级秩序的？作为政治行为体，黑人妇女是如何利用她们的感情、集体情感和非洲审美政治来展示其如何受到排斥、如何被边缘化以及如何反抗的？为了回答上述问题，我会利用黑人女权主义理论或去殖民化女权主义理论和实践，研究其在2014年示威运动期间和之后发表的政治声明。③ 我还将利用我对弗朗西娅·马尔克斯的采访以及2016年我在马萨诸塞大学阿默斯特分校合办的题为"21世纪的黑人妇女、领土和构建和平研讨会"上收集到的数据，分析他们的政治言论。我用二手资料补充了所有这些材料，以探讨黑人妇女的斗争与其在创作独特的政治叙事和实践时获得的感受之间的关系。这些叙事和实践有助于人们理解哥伦

---

① 梅斯蒂索人是欧洲人和美洲印第安人的混血人种。——译者注

② 吉拉达宫是内政部和司法部的办公地点。——译者注

③ 去殖民化女权主义（decolonial feminism）是阿根廷学者玛丽亚·卢戈内斯（Maria Lugones，1944—2020年）在研究拉美的女权主义时提出的一种理论。她认为，受殖民主义历史的影响，拉美的女权主义思潮应该不同于以欧洲中心主义为基础的女权主义思潮。她将这种以拉美的殖民地历史、土著妇女的权益为基础的女权主义思潮称作去殖民化女权主义。——译者注

比亚更大范围内种族资本主义变化的因素和黑人被边缘化的情况。作为一名来自全球南方的黑人女权主义者，我相信黑人和去殖民化女权主义理论和实践为审视与质疑父权制、殖民主义和种族资本主义提供了一个批判性的视角。这些理论和实践旨在解构西方女权主义，质疑霸权和压迫性的权力关系以及殖民主义父权和种族化的资本主义制度所产生的暴力。

首先，我将把哥伦比亚黑人的历史斗争和行动主义放在一个背景下进行分析。其次，我会从黑人和去殖民化女权主义的角度出发，对黑人女性的历史性、政治主体性和反抗性进行分析。黑人女权主义认识论不需要黑人男性的声音就能使她们的话语和斗争变得合法化。从这个意义上说，本文不是关于黑人女性如何看待黑人男性对她们斗争的看法，也不是关于黑人女性的声音和反抗行为与哥伦比亚黑人男性的斗争相比较的文章。我的观点是，作为政治思想者，黑人女性制造的对立知识和情境知识破坏了西方女权主义、白人及梅斯蒂索人创造的知识霸权。① 再次，我对新自由主义资源采掘的殖民理性如何融入种族化资本主义的过程进行了批判性的分析。最后，我分析了黑人女性的政治主体性和非洲美学的产生，从而得出这一结论：黑人女性的美学、情感和集体情感是反抗的手段，这有助于产生另类的解放实践和女权主义的非洲认识论。黑人女性的审美观、主体性和情感是其行动主义、政治身份和对非洲散居文化归属感的主要驱动力。

---

① 对立知识（oppositional knowledge）是一种对被认为是公认的权威知识提出挑战的知识；情境知识（situated knowledge）是一种关于特定情景的知识。——译者注

一、哥伦比亚的黑人行动主义

一些学者认为，随着宪法改革和 1993 年《黑人社区法》的通过，哥伦比亚出现了强大的黑人社会运动，但我认为，黑人的行动主义和集体抵抗超越了这一分期，构成了对资本主义持久的历史、政治和经济项目的一种回应。在这一计划中，结构性种族主义和对黑人身体的贬低相互交织。

在 16 世纪至 18 世纪期间，被奴役的黑人逃离了奴隶制度，建立了他们自己的自治领土。这些被称为"逃奴堡"的地方，成为逃离美洲奴隶制的非洲人自己建立的最早的领地之一。自那时起，他们的后代一直居住在那里。这些社区和海地革命是颠覆西方知识的第一次尝试，在殖民体系和现代体系中产生了"去殖民化思维"的替代形式。在 18 世纪和 19 世纪，南美洲和加勒比海地区被奴役的黑人妇女战略性地利用殖民法规为自己和她们的后代争取到了自由。20 世纪上半叶，一位名叫费利西塔·坎波斯的黑人妇女带头抵制白人和梅斯蒂索地主掠夺其土地，这些地主下令将黑人从苏克雷的圣奥诺弗雷（哥伦比亚加勒比海的一个小镇）驱逐出去。她鼓励她的社区居民用棍棒和砍刀组织起来，以保卫自己的土地。她因此遭到了数次监禁，她的房子也被烧毁。在 20 世纪 60 年代和 70 年代，黑人的政治话语证实了他们的非洲血统和文化习俗，并对奴隶制和殖民制度提出了批评。散居在非洲地区以外的非洲人要求得到公民权利，并希望重新定义非洲人后裔的身份。20 世纪 70 年代末，一个名叫索韦托的黑人学生组织领导了这一次抗议运动。①

---

① 这一学生组织的名称取自南非城镇索韦托。20 世纪 70 年代中期，南非的索韦托曾发生过反抗种族歧视的大规模抗议活动。——译者注

当时，索韦托和黑人的行动主义集中在种族诉求上，并对以阶级斗争为中心的旧左翼政党的政治还原主义提出质疑。80年代初，索韦托改名为西马伦①，成为一个争取黑人社区权利的全国性运动，致力于捍卫非洲裔哥伦比亚人的人权和黑人身份。1988年，在以非洲裔哥伦比亚人为主的乔科省，城市贫民运动组成的民众社区组织开始为黑人社区争取教育、领土、健康、交通、基本服务和就业权利。该组织的一名妇女苏利亚·梅纳后来成为1991年宪法扩大非洲裔哥伦比亚人权利后第一位当选的黑人女议员。乔科民众社区组织在第70号法案的通过中发挥了突出的作用。

二、20世纪90年代的宪法改革和黑人斗争

20世纪90年代是拉美黑人社区动员最显著的时期，因为哥伦比亚、厄瓜多尔、巴西和危地马拉的黑人运动已经获得法律上的承认与保护，他们的集体权利和文化多样性成为国家的决定性因素。在早期的宪法中，法律和制度话语是"色盲"，因此黑人社区通过斗争，使1991年的宪法承认非洲裔哥伦比亚人是一个族裔群体和公民。1991年"宪法"第55条《过渡条款》承认了黑人的权利，并促成了《黑人社区法》的制定（即1993年第70号法律）。这项法律承认公共土地和关于开发的事前协商，并着手推进黑人社区理事会的建立。许多学者认为，这是对哥伦比亚和拉美黑人社会运动最重要的"征服"，尽管尚未兑现其解放的承诺。② 关于第70号法律承认黑人集体领地和事前协商权这一点，地方和国家的司法裁决

① 西马伦（Cimarrón）是历史上黑人逃离奴隶主后居住的地方。——译者注
② 这一"征服"与历史上欧洲人在美洲新大陆推行的殖民主义被称作"征服"不同。这一句使用的"征服"仅仅是一种比喻。——译者注

之间存在一些模糊和矛盾。有意夺取哥伦比亚黑人领地的私营公司和跨国公司推崇新自由主义发展议程，这一议程的基础就是把实现自然的大众商品化，并贬低黑人的躯体。① 第 70 号法律颁布后，涌现了一大批黑人草根组织，其中一个组织是"黑人社区进程"。它是地方组织的网络，于 1993 年年底出现。它参与了《第 55 条过渡条款》的宣传和管理，促进了黑人社区理事会的创建，包括在拉托马成立一个黑人社区理事会，弗朗西娅·马尔克斯是该理事会的发言人。

三、拉托马的新殖民主义形式

拉托马是苏亚雷斯市的一个小村庄，位于考卡省北部的奥韦加斯河和考卡河之间。自 17 世纪初以来，黑人就一直生活在那里，当时他们是作为俘虏被带到西班牙统治下的金矿从事开采工作的。在太平洋地区，大批被奴役的黑人劳工缔造了奴隶制。采矿的组织方式就是强迫被奴役者的日常生活服从奴隶主的利益，采矿是殖民体系中最重要的经济活动，这一活动使精英和殖民机构积累了大量财富。

目前，拉托马占地 7000 公顷，拥有 1300 户家庭，其中 80% 以上是非洲裔哥伦比亚人。主要的生计来源是农业和手工淘金。黑人男女每周花两到三天时间种植咖啡和大蕉，也有少量蔬菜和水果，以获取微薄的利润和维持生计，每周花四到五天时间用传统方法提炼黄金。采矿是非洲裔家庭祖祖辈辈的传统活动和生计来源，而且它不会破坏地貌。拉托马的自来水十分紧张，只有 20.2% 的家庭有

---

① "自然的大众商品化"（commodification of nature）就是重复利用自然的有利条件，大规模种植大宗商品。——译者注

自来水、3.5%的家庭有排污系统。虽然95%的居民能用上电，但他们很难支付账单。由于长期存在暴力、贫困、水污染和结构性种族主义，许多黑人妇女和男子只能迁移到城市地区，在非正规经济部门工作或在那里上学。

自20世纪80年代以来，拉托马人一直在反抗种族歧视，与考卡河上修建萨尔瓦依那大坝后造成的土地被剥夺作艰苦的斗争。这座大坝造成了当地人的大规模的流离失所、贫困和人员流动困难。1998年，拉托马人民成立了一个社区委员会，以集体行动捍卫他们的祖传领地，抵制资源采掘和暴力抢夺。然而，大坝的建设和水库上方驻扎的军事基地导致外国公司不断涌入，也使得黑人和土著社区的社会生活日益军事化。贝尔纳斯卡尼认为，"萨尔瓦依那的历史与全球资本的流动密不可分。在考卡北部，成千上万的人因此流离失所，改变了一个与其居民一样古老的生态系统，同时又造成了一种暴力循环，政治家、企业家和跨国公司现在都从中牟取暴利。"①

21世纪初，哥伦比亚政府启动了一个向跨国公司和当地企业发放采矿许可证的新周期。一些采矿公司带着挖掘机和其他采矿设备，与一支"非官方机构"的准军事部队抵达了考卡省。这些准军事部队开始着手控制非法采矿和毒品贩运。2001年4月，他们在阿尔塔纳亚进行了一场大屠杀，杀害了100多人，并将当地3000名黑人、农民和土著社区成员赶出家园。

在过去20多年，哥伦比亚的国家发展计划利用各种法律和政策，向跨国公司和当地精英发放了采矿许可证，从而加快了驱赶和贬低黑人的历史进程。对新自由主义而言，他们是多余的。如在

---

① Attilio Bernasconi, "Afro-descendant Resistance: A Strategy of Territorial Self-determination in Colombian Northern Cauca." Master's thesis, Institute of Geosciences, University of Fribourg. 2014.

2009 年，一名当地法官对拉托马的"非法"黑人矿工发出驱逐令。这样做的目的是保护梅斯蒂索人赫克托·萨里亚的经济利益，他于2000 年获得了长达 15 年的采矿许可证。根据当地司法系统，拉托马在法律上不被承认是一个黑人集体领地，因此可以在未经事先协商的情况下准许进行大规模的开采活动。但驱逐令忽略了这样一个事实：事先协商是促进少数民族社区和政府开展民主参与的一种国际机制和国家机制。法官没有注意到，根据 2005 年人口普查，拉托马 80% 以上的人口是非洲裔哥伦比亚人，因此其居民享有事先协商的基本权利。

2010 年，桑坦德·德奎利考的一个非法煤矿发生坍塌事故，9名非洲裔哥伦比亚矿工不幸死亡。拉托马社区委员会提起诉讼，要求保护黑人社区的权利，承认黑人身份和黑人文化以及事前协商的权利。哥伦比亚宪法法院在其裁决中不仅承认拉托马是历史上一直由黑人占据的地区，而且还要求保护他们的事先与其协商的权利，禁止在未经事先协商的情况下在少数民族的领地上进行大规模采矿活动，并裁决黑人社区的权利及其领地不得受到侵犯。尽管法院作出了这一裁决，但是非法与合法的采矿和暴力活动仍在继续，包括被称为"黑鹰"的准军事组织对社区领袖发出死亡威胁。这俨然成为了一种规范、控制与管理种族社区的社会生活和文化习俗的种族主义模式。

四、交叉性与黑人的去殖民化女权主义[①]

黑人女权主义学者认为，黑人女权主义作为一种运动，与 20

---

① 交叉性（intersectionality）是社会学家帕特里夏·希尔·柯林斯发明的一个术语，用来描述歧视的多重性。例如，一个贫穷的有色人种妇女可能会同时受到种族歧视、性别歧视以及阶级歧视等多种形式的歧视。——译者注

世纪60年代末美国第二波白人女权主义同时出现。其目的是挑战白人女权主义运动，因为它无视黑人社区常见的经济和生存问题，而且未能审视个人的和结构性的种族主义。黑人女权主义创造了一种分析对黑人妇女个人经历的政治理论化，揭示了种族、阶级、性别和性别压迫之间存在的重叠而又相互影响的实质。它以个人和集体的方式创造了旨在挑战种族主义、阶级主义、父权制、性别歧视和暴力的空间。

黑人女权主义提出了一种如何理解"交叉压迫"系统的方法，而去殖民化女权主义则对霸权女权主义中缺乏对非白人女性所受到的各种形式的压迫进行交叉分析，并对拉美男性引领的关于殖民性和现代性的学术研究提出了质疑。霸权女权主义在历史和理论上进一步排斥了非白人女性，忽视了种族、阶级、性别和性的交叉性，也忽视了有色人种女性既是权力殖民性又是性别殖民性的受害者这一事实。玛丽亚·卢戈内斯引入了"当代殖民性别系统"的概念，从而打破了现代西方逻辑中的二元假设。如要理解西方逻辑及其性别制度，就必须将性别理解为一种种族化的权力体系。这一体系促进了下层人的非人性化和主体化，并试图将被殖民者变成不如人类的人。研究去殖民化女权主义的学者认为，有必要扩大男性主导的去殖民主义研究的当代殖民分析矩阵，以理解权力在性别规范和种族化暴力的惯常做法中的运作方式。黑人女性和有色人种女性对西方白人女权主义以及对她们这些黑人女性的忽视和歪曲倾向提出了批评。

黑泽尔·卡比认为，白人女权主义者误解了黑人女性的生活经历和奋斗，把她们描绘成纯粹的"研究对象"或"殖民压迫的被动接受者"。虽然大多数当代女权主义理论并没有充分考虑黑人妇女的经历，但黑人、亚洲裔、拉丁裔和许多有色人种的妇女已经公开地"批评西方女权主义是种族主义者，对白人中产阶级的妇女问题表达了过分的关注"。① 因此，西方的女权主义者或白人女权主义者代表的仅仅是她们自己，不是所有妇女。

有色人种妇女的知识生产之后，纳尔逊·马尔多纳多·托雷斯断言，主流文化和知识生产试图将下层妇女建构为"没有自主和自决能力的主体"。② 事实上，黑人和土著妇女已经证明，她们在美洲历史上一直是抵抗运动的主体，"她们同时面临着多重压迫，并且能够重新构想解放政治，制造和表达其差异性，创造和试验新的主观因素"。③

我采用黑人女权主义理论和去殖民化女权主义的理论和实践，批判性地审视黑人妇女的抵抗，并质疑黑人妇女作为政治思想家和行动者在全球南方历史民族国家形成中的隐形化。黑人和去殖民化女权主义理论和实践都强调，为了避免对黑人、土著和其他非白人妇女形成本质主义的看法，有必要抓住她们在政治上、战略上、话语上和文本上使用主观性的方式。通过关注黑人妇女的经验认识论，黑人女权主义和去殖民化女权主义有助于肯定黑人妇女的自我定义和自决，这就需要产生一种不需要男性声音合法化的"对立知识"。

对我这个黑人人类学家、黑人女权主义和去殖民化女权主义者和活动人士来说，当务之急是避免掩盖黑人女性的声音。因此，黑人女权主义和去殖民化女权主义方法和实践扰乱了对底层妇女故

---

① Hazel Carby, "White Woman Listen! Black Feminism and the Boundaries of Sisterhood," pp. 753 – 774 in Ann Gray, Jan Campbell, Mark Erickson, Stuart Hanson, and Helen Wood (eds.), *CCCS Selected Working Papers*. London and New York: Routledge. 2007.

② Nelson Maldonado-Torres, "Outline of Ten Theses on Coloniality and Decoloniality." p. 17, Frantz Fanon Foundation. http://frantzfanonfoundation-fondationfrantzfanon.com/article2360.html (accessed December 16, 2018). 2016.

③ Tiina Seppälä, "Feminizing Resistance, Decolonizing Solidarity: Contesting Neoliberal Development in the Global South." pp. 12 – 47, *Journal of Resistance Studies* 2 (1). 2016.

事、主体性、政治思维和知识生产的歪曲过程。黑人女权主义学者对研究过程中缺乏情感注入提出了批评，认为情感和智力是不可分离的。帕特里夏·希尔·柯林斯认为，关怀的伦理表明，个人的表现力、情感和同理心是知识验证过程的核心。因此，从黑人女权主义和去殖民化女权主义的角度对黑人女性的日常经历进行理论化，首先要从她们的历史地理位置出发，记录她们的反抗故事和经历。

根据贝尔·胡克斯的观点，我把黑人妇女的斗争理解为一种激进的、对立的意识上的锻炼，这一锻炼使我们能够在战术上对权力关系开展斗争、谈判和挑战。① 理解黑人妇女的行动主义及其反抗斗争模式有助于我们理解主流学术界对非洲裔哥伦比亚妇女作为政治思想者在历史上所受到的排斥。非洲裔哥伦比亚妇女的斗争不能通过支离破碎的观点来理解，因为支离破碎的观点把她们的过去和现在隔离开来。这种对历史的抹杀通常是霸权认识论的结果。霸权认识论把精英描绘成历史的独家拥有者，却让其他人在历史中"遁形"。通过在空间和政治上将自己定位为一个局内人，我试图编织另一种话语实践，以打破霸权认识论，使那些"在西方逻辑之外"的下层人民变得客观化。因此，我的目标不仅仅是为去殖民化女权主义理论作出贡献，而且还要通过非洲裔女权主义认识论和实践来强化其特色。

五、哥伦比亚的新殖民采掘主义和种族化资本主义

非洲的殖民主义崩溃后，全球化资本主义的危机使新殖民主义转向南美洲和非洲地区的采掘主义，并通过国际贸易、援助和投资

---

① Bell Hooks, *Black Looks: Race and Representation*. Boston: South End Press. 1992.

政策，将这些前殖民地置于北方发达国家组成的资本主义帝国主义势力的控制之下，确保来自发展中国家的资源继续流向发达国家。自 20 世纪 80 年代末和 90 年代采用新自由主义经济学以来，许多拉美国家的政府将经济议程集中在采掘和农业上。因此，采矿业是以剥削黑人和土著人民的劳动力和生活以及征用他们的土地为基础的。

资本主义和新自由主义意味着土地的大众商品化和私有化以及人口的被强制驱逐。① 根据这一逻辑，采掘经济使外国人及其当地合作伙伴受益匪浅，迫使南美洲的土著人和黑人生活在贫困之中，并遭受环境污染的影响。因此，资本主义和新自由主义是剥夺土地获得积累的手段，进一步加强了对其他生产方式和消费形式的破坏，并通过对资产的占有来维持殖民和帝国经济项目。近年来，国家支持的采掘主义被宣传为实现经济增长的理想模式，拉美政府非但没有扭转历史上对自然资源的依赖，反而加剧了自然的大众商品化。新自由主义采掘项目的框架是巩固军事存在，通过镇压和威胁来维持必要的社会控制，通过实现采矿业环境的军事安全化，加强对地下资源的控制。

2001 年至 2005 年间，哥伦比亚国会通过了多项法律（其中包括第 685/2001 号法律和第 963/2005 号采矿法典），推动了外国白人投资者的参与。采矿法确立的原则保护了股东，而不是保护少数民族裔社区的权利，通过土地剥夺来促进积累。这是当代"种族资本主义"的一种表现，这一切使得资本主义社会的发展、组织和扩张变得越来越向种族化的方向发展。

克莱顿认为，哥伦比亚的国家暴力和准军事暴力在"过去几十年采掘经济的扩张中发挥了重要作用，为领土控制提供了保障，并

---

① "土地的大宗商品化"是指土地被广泛用于种植大众商品。——译者注

允许资本渗透到以前不具备资本积累条件的地区。"① 因此，在受武装冲突困扰的许多农村地区，非法、反叛乱和地区边缘化现象交织在一起，产生并重现了社会生活的军事化。我将社会生活军事化的定义界定为：国家使用暴力控制领土、机构和日常生活，以保证外国投资和私人资本的安全。在拉托马和其他贫穷的农村地区，国家存在的目的就是实施军事化和执行压迫性政策。萨尔瓦依那大坝和军事基地的建设以及考卡北部的采掘主义、贫困和不平等表明，暴力是一种常态，而且越来越种族化。② 它们同时也展示了现代性和殖民主义的逻辑，这一切都进一步助长了对当地人的剥夺和排斥。

现代南美洲国家的政治经济包括土地所有权殖民模式的再生产。通过新殖民主义政府项目，政府进行了重组，以保证更多的私人资本参与公共事务。这些项目使农村社区成为国家利益追求的障碍，因为他们寻求的是更有力地勘探和开发自然。在哥伦比亚，争夺土地引发的冲突、集体权利的削弱、种族主义和阶级主义的产生和复制以及武装和结构性暴力，都加快了资本积累。采掘主义不仅产生了"种族认同的大众商品化"，而且还导致黑人身体遭受到历史性的贬值。西方现代性和殖民主义在没有事先协商的情况下继续以金矿开采、将水资源私有化和石油开采为重点，把发展政策和资源日益集中在少数人手中。

六、黑人妇女反抗新殖民主义采掘和剥夺

通过剥夺他人生存权的方式来实现资本积累，总是伴随民众的

---

① Richard Clayton, "Might the Keys to Peace Open the Doors to Extractivism? Reflections on Colombia's Post-conflict Extractive Economy," pp. 444 – 470 in Fredy Cante and Hartmut Quehl (eds.), *Handbook of Research on Transitional Justice and Peace Building in Turbulent Regions*. Hershey, PA: IGI Global. 2016.

② 暴力的种族化就是少数民族人口成为暴力的主要受害者。——译者注

反抗。在哥伦比亚，下层和受压迫的妇女一直积极参与反对新自由主义发展和新殖民主义的运动。底层阶层团体的政治议程是促进发展和政治的替代形式，拒绝极端形式的剥夺、贫困和不平等现象。在"头巾游行"中，黑人妇女拿着木盆和鼓，载歌载舞。自殖民时期以来，黑人手工采矿者就一直使用木盆来分离金矿中的黄金。对黑人女矿工来说，木盆是维持生计的工具，也是反抗的有力象征。"木盆，可以！挖掘机，不行！"以及"一起走，一起唱，恐惧就会被克服！"等口号，就是反抗、理解和表达爱的去殖民化政治体现。

非洲裔哥伦比亚妇女占领了吉拉达宫，并向政府施压，要求政府就她们提出的政治议程进行谈判，并试图破坏城市的"和平"空间。在动员的过程中，黑人妇女们说："我们不想惴惴不安地走在路上。我们希望移走挖矿机，废除所有未经事先协商而授予的开采权。"她们在公立大学里把这个信息发布出来，讲述了她们的奋斗历程，并得到了许多学生的声援和支持。然而，她们与政府谈判达成的协议没有得到履行。对外国公司的采矿补助增加了。今天，为采矿而征用土地可以被视为"发现论"的延续。"发现论"将新大陆当作"无主之地"或"荒地"。[①] 而且，征用和获得土地的过程被完全种族化了。

黑人妇女在 2014 年 11 月发表的《黑人妇女的政治宣言》中流露的情感，体现了政府对黑人领地的看法。该宣言写道："今天，非洲裔社区的生存空间非常小，因为我们受到身体和文化死亡的威胁！我们的土地被剥夺，桑托斯总统的运送矿产品的火车头进一步

---

① "发现论"（The Doctrine of Discovery，又译"发现原则"和"发现论学说"）是赞美殖民主义的一种说法。根据这一说法，任何基督徒发现非基督徒的土地和其他形式的财富后，可以理所当然地予以没收或占领。因此，欧洲殖民主义者在"发现"美洲新大陆后，可以将那里的一切财富占为己有。——译者注

损害了我们。桑托斯总统向跨国公司和白人精英及梅斯蒂索人精英授予采矿的特许权，侵犯了我们享有的事先协商权和知情权。我们正受到非法采矿及其挖掘机的威胁，几个世纪以来我们爱护的环境和土地正在被毁坏。我们受到武装团体的威胁，并被指责反对政府的发展政策。"

黑人妇女是如何理解哥伦比亚的土地被大众商品化、被种族化的？她们是如何理解其身体被不断贬值的？上面的案例能回答这两个问题。这个案例也能说明，这些具有现代性和殖民性特点的开采项目是如何被用来推动土地的占有的。

被准军事组织和非法采矿驱逐的成千上万的黑人妇女被迫迁移到各个城市，最终的结果是：或生活在合法的贫民窟里，或生活在非法的贫民窟里，或失去了与社区和家庭的联系。许多人最终成为家庭佣工，这样的工作往往涉及雇主对他们的剥削以及黑人劳动力的大众商品化。解决环境问题、结构性种族主义和社会经济不平等的政治意愿荡然无存，这一缺乏构成了压迫和种族资本主义的组成部分。通过这种压迫和种族资本主义，国家鼓励对黑人进行剥夺，并制造了以死亡和环境退化为主要形式的种族暴力。

七、打破沉默：黑人女性话语与反抗

黑人女性矿工认为，祖传的采矿是一项重要的经济活动，确保了非洲裔哥伦比亚人家庭的社区生活方式。黑人妇女的采矿不仅仅是为了开采黄金，而且还包括团结和社区生活。

拉托马的黑人矿工将互助作为一种集体制度加以推广。这种制度使他们可以分享和保持不同家庭之间持续的互动，以加强友谊和团结。2010年，当12台挖掘黄金的机器和采矿设备抵达拉托马时，社区成员组织起来，进行了抵抗。大约500名黑人社区成员封锁了道路，但他们受到了被驱逐的威胁。截至 2012 年年底，政府已经批准了 271 个在考卡地区北部采矿的许可证。考卡省一度有 652 人声称拥有采矿许可证，全省将近50%的土地掌握在私人投资者手中。2013 年，拉托马人前往奥维贾河，组成了人墙，阻止采掘机开工。2015 年 11 月 27 日，左翼政党"民主选择中心党"的两名国会议员在考卡省北部召开了一次公开的听证会，听取社区的诉求，并了解地方当局正在采取什么措施来解决他们的问题。一位与会者说："这一听证会吸引了 500 多人，包括农民、黑人和土著人。我们反对其领土上出现的结构性不平等现象以及武装暴力。这一听证会展示了我们的抵抗能力。我们就是要保卫我们的领土和我们的社区生活。"

由于非洲裔农村社区的社会文化遭到了破坏，哥伦比亚的经济模式助长了社会动荡，因此，黑人妇女提出了另一种思考发展的方式："对我们来说，领土不仅仅是一个物质空间，而且也是我们的精神空间和文化空间，也是黑人之间生产和联系的方式。"对黑人妇女来说，她们的土地和河流代表着她们的父母，当国家为了私人利益和公司利益而剥夺她们的民族领地时，她们感到了极大的悲伤和受到了极大的冒犯。

务农、唱歌和跳舞让黑人妇女快乐，并有助于缓解她们每天面临的排斥。情感是她们理解政治行为和社会生活的核心。贾斯帕认为，情感是"社会运动的动力的一部分"。根据他的说法，"在没有强烈情绪的情况下，把大家动员起来是几乎不可能想象的。在不公正的框架下，对正义的追求是由对现存不公正的愤怒激发起来的"。[①] 弗莱姆认为，情感是"在微观和宏观政治空间里运作的一

---

① James Jasper, "The Emotions of Protest: Affective and Reactive Emotions in and Around Social Movements." pp. 397 – 424, *Sociological Forum* 13. 1998.

种社会、文化和政治结构"。① 制度层面的权力和压迫迫使在社会运动中产生颠覆性的反抗情绪。黑人关心和保卫领土，因为没有领土他们将一事无成。黑人妇女声称，她们对生命的热爱超过了对死亡的恐惧。她们认为，"首先是我们的祖先，然后是我们的母亲、父亲、姐妹和兄弟，为了获得这些土地而流了很多血。"② 这些强有力的叙述展示了黑人的颠覆性的反抗情绪和他们的不满。"当我们的自主受到严厉限制时，我们的愤怒就是'一种真正的情感'，因为我们把自主的失去归咎于掌权者。"③ 她们对愤怒的理解以及她们在历史上遭受的边缘化，构成了黑人妇女抗议的动机。在吉拉尔达宫举行的官员和黑人妇女会议上，弗朗西娅·马尔克斯表达了她的愤怒："我们不愿意接受由哥伦比亚政府来决定我们是否正式成为黑人社区。我们就是黑人社区，政府必须承认并兑现我们的权利。这是我们的要求。"在黑人妇女的斗争中，爱、愤怒、恐惧和勇气不仅是"动机和解释"而且也是表达黑人女性在物质世界中生活经历的催化剂。

黑人妇女的动员使她们的政治和文化传统变得清晰可见，维护了黑人社区的集体关系，恢复了作为关键机制的黑人社区的社会纽带。黑人妇女的生活经历、斗争和政治主体性表现在一个物质世界中，在这个世界中，贫困的女性化受到"反抗的女性化"的挑战，而这种反抗正在重新配置和重新设想政治反抗和社会变革的性质、意义和主题。由于拉美的贫困不仅被女性化，而且被种族化，女权主义抵抗理论必须包含对父权政权的交叉分析，以便更好地抓住黑

---

① Helena Flam, "Emotions Map: A Research Agenda" pp. 19 – 40 in Helena Flam and Debra King (eds.), *Emotions and Social Movements*. London and New York: Routledge. 2005.

② Black Women's Political Statement, 3, November 2014.

③ Helena Flam and Debra King (eds.). *Emotions and Social Movements*. London and New York: Routledge. 2005.

人妇女和下层人民的政治主体性和基于经验的认识论。黑人妇女的反抗实践需要激情、愤怒、勇敢和希望，以及实现社会和种族正义的政治努力。爱是黑人妇女斗争和政治的核心，与她们对人类自由的革命愿景密切相关。鉴于情感是将政治主体的历史和当代经历结合在一起的共同生活方式，通过斗争表达爱和愤怒是黑人妇女行动主义中个人和政治交织的最好例子。

在奴隶制下，黑人妇女用头巾遮住头和辫子。这一景象描绘了她们向往自由的道路，也为生活在新帕伦克的黑奴运送了生存的种子。抗议活动包括仪式上的象征性手势和权力共享的体验。"头巾游行"明显地表现出非洲人的传统和黑人妇女美学。她们戴着头巾，在一群管理内部冲突、保护社区安全的年轻人的护送下抵达波哥大。这是黑人审美和反抗的象征。她们每一个人都戴着头巾，这一集体行为体现了她们的社交功能和团结意志，象征着一种与西方霸权对美的想象背道而驰的颠覆性话语。它是非洲美学政治的一部分，将哥伦比亚的非洲裔女性与散居世界各地的非洲移民社群联系在一起。戴头巾有助于增强女性的自信和政治自由的重塑。

八、结论

土地的大众商品化以及黑人妇女身体的被贬值，是以性别化和种族化为基础的。这一过程使黑人妇女蒙受了巨大的伤害。她们的斗争使人们开始关注其遭受的这种伤害，这一斗争也是她们对自己的集体生活方式遭到系统性破坏后作出的反应。采掘主义是一种对哥伦比亚少数民族社区成员的社会生活、身体和文化习俗进行管制、控制和治理的种族主义模式。黑人女权主义认为，个人是政治性的，因为黑人女性的身体和日常生活经历处于一种被边缘化、被排斥、反抗和斗争的历史语境中。黑人女权主义和去殖民化女权主

义为我们从历史和地缘政治的角度去理解黑人妇女和下层人民提供
了新的可能性。它是一种重新思考世界的工具，也是一种对权力关
系、种族资本主义、采掘主义、种族主义、父权制、性别歧视、暴
力和阶级歧视发起挑战的工具。它是一种政治承诺，也是一种行
为、写作、思维和创造知识的反叛模式。它质疑被跨国公司控制
的、具有新殖民主义特征的现代权力关系的合法性，也对新自由主
义的排斥政策、对导致自然失去自然特性的做法、对导致"其他
人"失去人性的种族化资本主义发起了挑战。① 黑人妇女的激情、
愤怒、勇气、爱和希望提供了另一种让她们获得解放的机制，使我
们重新认识非洲人，也使哥伦比亚的非洲裔女性获得了生活的意义
和归属感。

（原载《拉丁美洲透视》杂志 2019 年第 2 期）

---

① 这一"其他人"（others）是指非白人族群，亦即"有色人种"或"少数族裔"。——译
者注

阿根廷大豆种植业的危害性
及妇女的斗争[*]

阿玛莉亚·莱吉萨蒙

美国杜兰大学社会学系助理教授

【内容提要】 在历史上，自然资源（尤其是矿产品、石油和经济作物）的开采和出口是拉美社会经济发展的核心。随着采掘行为的不断加剧，社会和环境不断衰退。21世纪初，一些拉美国家选出的左翼领导人试图通过重新分配从资源采掘中获得的利润，减少新自由主义政策造成的社会不平等。然而，这种依靠技术创新来控制和支配大自然的采掘经济模式，对社会和生态带来了一系列负面后果。在19世纪末20世纪初的农产品出口的时代，阿根廷依靠潘帕斯地区出产的小麦和牛肉，成为世界上的农产品出口大国。把该国描绘成"世界粮仓"，成为阿根廷民族普遍认同的一个神话。阿根廷的经济发展同样严重依赖于自然资源的开采和出口（特别是大规模资本主义农业生产）。大豆最早是于20世纪60年代末在阿根廷的潘帕斯草原种植的。在全球大宗商品价格上涨和需求旺盛的背景

---

* 原文题为"阿根廷大豆繁荣时期资源采掘主义中的性别因素"。

下，采掘主义模式转向了"非传统大宗商品"，迎来了大豆生产的繁荣时期。尤其在 1996 年采用转基因种植技术后，阿根廷的大豆产量激增，并保持稳步增长的势头，种植面积大幅度增加。目前，阿根廷是全球第三大大豆种植国和出口国，大豆种植面积占该国可耕地面积的一半，占出口额的三分之一。"大豆繁荣"促进了该国的经济增长，出口大豆获得的收入减少了贫困和不平等现象。然而，它也产生了不少负面的社会和环境后果，包括农药喷洒带来的健康风险以及农民因土地被暴力征用而被迫流离失所。"伊图萨因戈的母亲"和"马尔维纳斯争取生命大会"是阿根廷的两个反对大规模种植大豆的最重要的组织。

拉美生态的政治经济基础是采掘主义。从社会学角度出发，采掘主义与其对自然资源的控制、对社会和生态产生的后果以及成本与收益的分配息息相关。在历史上，自然资源（尤其是矿产品、石油和经济作物）的开采和出口是拉美社会经济发展的核心。随着采掘行为的不断加剧，社会和环境不断衰退。21 世纪初，一些拉美国家选出的左翼领导人试图通过重新分配从资源采掘中获得的利润，减少新自由主义政策造成的社会不平等。然而，这种依靠技术创新来控制和支配大自然的采掘经济模式，给社会和生态带来了一系列的负面后果。①

长期以来，阿根廷一直站在拉美新自由主义资源采掘的最前沿。这个国家没有一个地区能够逃脱采掘业这种单一经济模式，如

---

① Eduardo Gudynas, "Diez Tesis Urgentes Sobre el Nuevo Extractivismo," pp. 187 – 225 in Jürgen Schuldt (ed.), *Extractivismo, Política y Sociedad*. Quito: Centro Andino de Acción Popular. 2009.

西部的安第斯露天采矿、南部的巴塔哥尼亚页岩气和石油，以及中部的潘帕斯草原和北部的查科省的转基因大豆种植业，等等。① 大豆种植业可谓阿根廷模式的"金蛋"，是新自由主义和后新自由主义政府时期社会经济发展的资本积累的根基。

阿根廷是全球第三大大豆种植国和出口国，大豆种植面积占该国可耕地面积的一半，占出口额的三分之一。"大豆繁荣"促进了该国的经济增长，出口大豆获得的收入减少了贫困和不平等现象。然而，它也产生了不少负面的社会和环境后果，包括农药喷洒带来的健康风险以及农民因土地被暴力征用而被迫流离失所。批评人士强调，这种发展模式造成了权力失衡的问题，因为大豆出口过分惠及精英阶层，而弱势群体则承担了不必要的沉重负担。

本文强调，在资源采掘主义条件下，性别是构成社会和环境利益与风险分配不平等的一个关键决定因素。里斯曼指出，性别应该被理解为社会不平等的一种结构性力量。② 为了回应她的定义，本文将探讨阿根廷大规模大豆生产的性别特征，旨在揭示造成环境不公正（社会不平等和环境退化）的复杂社会进程，并探讨女性对这种不公正的抵抗和可能存在的变革机会。

性别常与其他不平等的社会要素交织在一起，如种族、阶级和民族性。世界各地出现的抗议环境不公正的社会环境运动，多少反映了各种问题的交叉性和复杂性，贫穷的土著人经常站在这些斗争的前列。此外，在这些运动中，妇女通常占大多数，并且常常是运动的领导者和参与者。许多关于环境正义的文献，特别是在美国出版的文献，都在辩论各种控制和支配形式产生的影响。批评人士认

---

① 潘帕斯（盖丘亚语中是"平坦的表面"）土地肥沃，历来是阿根廷的农产品生产区。今天，约80%的大豆产自该地区。——译者注

② Barbara Risman, "Gender as a Social Structure Theory Wrestling with Activism." *Gender and Society* 18：429 – 450. 2004.

为，就学术研究而言，一个更有成效的方法是分析不同的不平等结构是如何加剧这种状况的。当然，探索这种权力的协同效应有利于提高我们的分析能力。这是将社会学理论应用于社会变革的先决条件。

本文把笔者对潘帕斯地区农村和城郊居民进行的深入访谈作为主要研究资料。为了确定环境不公平发生的原因，本文将从制度因素、个人因素和互动性因素三个维度来分析资源采掘主义的发展过程。根据里斯曼的思路，本文在考察造成这种不平等和不公正现象的原因时，确定了六种因果机制：（1）资源分配；（2）意识形态；（3）身份的认同；（4）认知方面的偏见；（5）对地位的期望；（6）国家家长制。① 这一分析框架类似政治经济社会学中对权力结构的研究，但侧重于性别关系。

本文首先描述了阿根廷大豆生产背后的政治经济学。本文把重点放在控制自然资源和技术创新权力的官僚机构上，因为这些由男性主导的机构通过所谓男性主导的意识形态，推动转基因种子技术的使用。社会结构限制了个人层面上的行动，但也为社会变革创造了机会。在阿根廷，有两个最引人注目的和最成功的反对大豆种植模式的运动，即"伊图萨因戈的母亲"和"马尔维纳斯争取生命大会"。它们都是由妇女领导的运动，都是围绕着化学品的使用对儿童健康构成的风险的关切而组织起来的。

也有人认为，采掘型经济加剧了性别不平等。然而，性别不平等的关系是如何在南美洲的转基因农产品出口中发挥作用的？这方面的研究成果很少。为此，本文将探讨阿根廷大豆种植业中的性别角色、采掘主义的实践和制度如何影响及为什么会影响阿根廷的大

---

① Barbara Risman, "Gender as a Social Structure theory Wrestling with Activism." Gender and Society 18：429 - 450. 2004.

豆种植业，并将对采掘主义的政治经济学进行分析。

一、阿根廷的大豆生产

阿根廷的经济发展历来依赖于自然资源的开采和出口（特别是大规模资本主义农业生产）。在新自由主义发展的时代，资源采掘首先在20世纪70年代末的军政府时期得到推广，并在20世纪90年代的卡洛斯·梅内姆政府时期得到进一步的发展。在19世纪末20世纪初的农产品出口的时代，阿根廷依靠潘帕斯地区出产的小麦和牛肉，成为世界上的农产品出口大国。把该国描绘成"世界粮仓"，成为阿根廷民族普遍认同的一个神话。[①] 20世纪末，在全球大宗商品价格上涨和需求旺盛的背景下，采掘主义模式转向了"非传统大宗商品"，迎来了大豆生产的繁荣时期。

大豆最早是于20世纪60年代末在阿根廷的潘帕斯草原种植的。1996年采用转基因种植技术后，大豆产量激增，并保持稳步增长的势头，种植面积从1969年夏季的30公顷增加到2015年夏季的2060万公顷。创纪录的种植面积带来了创纪录的收成，2016年，阿根廷的大豆产量达到了史无前例的5900万吨，其中96%的大豆产量都用于出口。2014年，大豆及其产品（豆粕、大豆、油和生物柴油）的出口额为206亿美元，占该国出口总额的30%。尽管这一时期全球大宗商品市场发生了波动，气候条件十分恶劣，但大豆产量仍保持着稳定增长的势头。

2003年，内斯托尔·基什内尔凭借后新自由主义政纲当选为阿

---

① 当时，阿根廷首都布宜诺斯艾利斯被视为"南美洲的巴黎"。在欧洲，当人们形容某人腰缠万贯时，常说"他像阿根廷人一样富有"。1900年，阿根廷的人均GDP分别为美国、英国和澳大利亚的一半，是日本的两倍，略高于芬兰和挪威，略低于意大利和瑞典。1913年，阿根廷的人均收入为3797美元，高于法国的3485美元和德国的3648美元。——译者注

根廷总统。2007年，他的妻子克里斯蒂娜·费尔南德斯·基什内尔接任总统职位，并于2012年再次当选总统。他们都是21世纪初席卷拉美的左翼领导人。他们把国家带入了一种新采掘主义的模式，并延续了使社会经济发展依赖于自然资源采掘和出口的发展模式，但有一个关键的不同之处：政府重新控制了资源采掘业的巨额利润，目的是进行社会再分配，使穷人受益。为此，在基什内尔政府执政期间，阿根廷的大豆出口被征收30%至35%的高税率。这些税收为社会和基础设施发展项目提供了源源不断的资金，从而推动了这一模式的合法化，并赢得公众的广泛支持。

2015年12月，毛里西奥·马克里当选为阿根廷总统，政治的钟摆开始向右翼摆动。马克里政府上台后，明确表示要扩大以大豆为基础的采掘主义，力图将该国转变为一个农产品加工业强国，不仅仅是"世界粮仓"，而且还要成为"世界超市"。因此，为了激励农业生产，马克里兑现了降低农业出口税的竞选承诺，将大豆出口税收每年下降5%。

大规模的大豆生产依赖于转基因大豆种子、农药和免耕机械等现代技术的使用。转基因大豆种子耐除草剂，这意味着农民可以直接播种，而不必用耕作来控制杂草的生长。他们喷洒的草甘膦除草剂可以杀死杂草，但不能杀死转基因植物。这种技术方案的目的是通过扩大规模和降低成本（尤其是劳动力和农药），为农民提供更丰厚的利润。当然，盈利是农民种植大豆和采用免耕耕作技术的主要动机。

虽然大豆的规模种植业带来了丰厚的经济利益，但也不可避免地产生了许多负面的社会后果和生态后果，如树林被砍伐，农民和土著人因暴力驱赶而背井离乡，农药喷洒产生健康风险，等等。这一切必然引发一系列的社会抗议运动。在潘帕斯地区，社区组织起多种形式的公民集会，捍卫自己的健康和生命。为了保护孩子们的健康，一些妇女甚至不惜牺牲自己的生命，投入抗议活动的最前线。

二、生物霸权与转基因大豆

阿根廷大豆种植模式的一个令人费解的方面是，尽管它对社会和环境造成了相当大的危害，但它得到了普遍和热情的支持。纽威尔创造了"生物霸权"一词，用来解释企业和国家的精英阶层（指主张采用转基因技术和从中受益的那些人）如何通过各种方法来压制潜在的异议，如何将大豆采掘主义描述为民众普遍希望的和有益于社会的一种行为。他还告诉我们，政府如何通过物质、制度和说服等手段，使民众对生物技术的支持成为阿根廷的一种积累资本战略。①

在全球南方，建立生物霸权需要作出长期不懈的努力。生物霸权已经成为对环境和发展政治经济学感兴趣的学者研究的一个热门话题。在人类谋求支配自然、片面追求经济增长的过程中，生物霸权是如何将性别特性合法地融入采掘主义之中的？事实上，各种物质和话语实践的目的是为了产生和复制这样一种现象：自然从属于人类，女性从属于男性。这就是康奈尔和梅塞施密特所说的"霸权式男性气概"。② 在体制层面上，资源分配和意识形态这两个社会过程会通过重新制造性别不平等来制造和复制环境不公正。正如他们所指出的那样，这种性别等级是社会建构的产物，不是一成不变的，而是在一定条件下可以被改变的。

---

① Peter Newell，"Bio-hegemony：The Political Economy of Agricultural Biotechnology in Argentina." *Journal of Latin American Studies* 41：27 – 57. 2009.

② R. W. Connell and James Messerschmidt，"Hegemonic Masculinity：Rethinking the Concept." *Gender and Society* 19：829 – 859. de la Cadena，Marisol. 2005.

控制物质资源的分配是权利保障的主要机制。从环境政治经济学的观点来看，关键问题是什么样的行为者有权控制生产和维持人类生存必需的物质资源流动的机构和组织。在阿根廷，农业综合企业和政府结成了一个有利于使用生物技术的集团，拥有控制自然资源和指导技术创新的物质资源和法律权力，包括制定推广使用转基因种子的法规，并将草甘膦归类为对人类健康无害的化学品。

从性别关系的角度看，紧接着的一个问题就是，这些机构和组织是如何进行性别划分的，如何制造性别不平等的。通常，政治和经济领域在传统上是男人的地盘，因此毫不奇怪，在阿根廷的政府部门和最大的农业企业中，男性几乎占据了所有重要的行政职位。在政府行政部门，自 20 世纪 90 年代阿根廷转向新自由主义以来，除了前总统克里斯蒂娜·费尔南德斯·基什内尔（2007—2015年）、前经济部长费丽萨·米塞利、副总统加布里埃拉·米切蒂和布宜诺斯艾利斯省省长玛丽亚·欧亨尼娅·维达尔之外，那些掌管生物技术应用的最重要的行政职位几乎都是由男性担任的，长期以来这几乎是一个一成不变的模式。

尽管政府部门中的女性，特别是克里斯蒂娜·费尔南德斯一再强调她们在男性主导的机构中担任女性领导人的地位是例外，但研究性别的学者一致认为，掌权的女性基本上是按照她们担任的职位的男性标准来行事的，而不是按照她们的女性身份来执行公务的。作为一位富有魅力的领导人，费尔南德斯能够巧妙地利用这种局面，既要体现女性气质和母性关怀，又要保持许多国家元首特有的家长式态度，在两者之间交替扮演不同的角色。在一次著名的演讲中，她宣称自己是"所有阿根廷人的母亲"，同时声称她的领导地位与家长式政治的象征胡安·多明戈·庇隆不分伯仲。

在经营阿根廷大豆的前 17 家最大的公司中，从种子和农业投入（如孟山都公司、尼德拉公司）到大豆加工和贸易（如嘉吉公司、邦吉公司），再到大豆生产（如洛斯格罗博公司、埃尔特哈尔公司、克莱苏德公司），81 个最高管理职位中只有 7 个是由女性担任的。唯一的例外是洛斯格罗博公司，这一家族企业是在阿根廷和其他一些南美洲国家有业务的最大的农业企业。古斯塔沃·格罗博科帕特尔在其父亲退休后接任总裁，他的两个姐妹担任了另外两个领导职位。由于担心领导岗位缺乏性别多样性以及女性在进入高管层级时会面临各种障碍，因此，洛斯格罗博公司的董事兼副总裁安德烈娅·格罗博科帕特尔创立了"负责任的领导与组织基金会"，以促进商界职业女性的发展。她在 2016 年 4 月 30 日接受阿根廷《国家报》采访时说，领导职位的性别配额是必要的，因为男性和女性有不同的动机："驱使女性行动的动力是她们的情感生活"，因此，妇女会作出不同的决定。她说，妇女常常"不会作出伤害他人的决定，因为她们处事会更加谨慎"。她强调了通常与女性身份和期望相关的一些主题。

在大豆生产层面上，性别角色的分配表明，拉美地区长久以来就存在着性别不公正和不平等，而且这种情况越来越严重。在 19 世纪，欧洲移民在潘帕斯地区定居，建立了一种以大规模出口农业为基础的资本主义经济。他们被叫作"乡巴佬"（chacarero）、"外国佬"（gringo）和"垦荒的人"（colono），有点像美国的农场工人，而不是小农。按照欧洲的传统，他们按性别进行劳动分工：通常由男性（丈夫、父亲和成年儿子）负责耕种，由女性管理家务。当需要帮手时，妇女便从事农活。自 20 世纪 50 年代开始，随着农业机械化的引进，妇女劳动力显得微不足道，并逐渐从商业性农业生产中彻底消失了。根据阿根廷的继承法，妇女享有同等拥有土地的权利，但她们仍然无法掌控农业生产的各个环节。一般来说，家庭中的男性会直接接管农场，而女性则可能去城市工作、学习或结婚生子。总之，由于转基因大豆技术的广泛采用需要高技能的劳动力，加之金融投资者进入了商品生产流域，因此，性别不平等模式开始越来越普遍。在阿根廷，家庭经营的出口型创业农业模式正在迅速转变为一种"联合投资体"（pooles de siembra）。① 这种潘帕斯地区的农业出口模式可以使下层农民、土著人以及农业生态耕作系统更好地面向国内市场。

女性如要在农业生产中掌握实权，就有必要逐步转向"女性关怀伦理"，但只有少数几个女性担任首席执行官，而且她们必须以股东代表的身份参与公司的竞争。因此，她们只有复制所谓"生物霸权"，才能继续掌权。素有"大豆王"之称的格罗博科帕特尔是这场农业"革命"的主要推手。这场"革命"的实质是，通过不断地推动技术创新和扩大转基因大豆的种植面积，改变阿根廷的农业生产，从而"养活全世界"。目前，阿根廷的大豆种植业反映了控制这一产业的那些男人的性别特征，即理性和技术构成了男性心态。用所谓科技创新来控制和支配自然的目的，就是为了提高大豆生产的产量和实现利润最大化。

思想意识形态是制造阿根廷性别不平等的第二种机制，而且，它使性别不平等合法化。葛兰西的"霸权观"指的是统治阶级试图通过创造合法性来维持权力的一种方式。为了维持现状，关键是要使下层阶级接受他们的处境。要做到这一点，全国上下必须在社会等级制度（阶级的、种族的或性别的制度）上达成共识。因此，葛兰西强调，只有拥有一种操纵文化和象征性做法的权力，才能达成一致意见。② 纽威尔也认为，阿根廷的生物技术集团之所以支持"生物霸权"，就是因为它掌握着物质和法律权力，同时也拥有话语

---

① "联合投资体"（Pooles de siembra）是指众人出资进行投资的一种集资形式。——译者注

② Antonio Gramsci, *Selections from the Prison Notebooks*. New York：International. 1972.

权，尤其是他们可以通过对主流媒体的控制来达到自己的目的。[①]
大豆模式的话语霸权就是基于这样一种信念：不断的技术创新自然
会给国家带来进步和发展。

在将转基因大豆视为现代化、发展和进步的过程中，生物霸权
通常遵循着这样一种科学逻辑：按照西方的观点，通过科技创新，
人类可以最快、最广泛地控制和占有自然，从而增加和提高人类的
福祉。女权主义学者长期以来一直对技术科学嗤之以鼻，认为这不
过是一种制造性别等级制度的男性逻辑。卢格尼斯认为，"以资本
主义为中心的工具型现代自然观"与现代的二分法和等级制的性别
观念密切相关。控制"女性化和种族化的自然"的愿望，是资本主
义现代性的认识论和本体论的基本前提。[②]

因此，套用纽威尔、康奈尔和梅瑟施米特的话来说，在阿根
廷，男性主导的机构致力于促进采掘主义并从中受益。[③] 他们热衷
于使用生物霸权来展现所谓男性气概，包括物质的、制度的和话语
方面的男性做法，以创造和维持一种父权制式的控制。这种控制常
以新自由资本主义为名义，通过采用生物技术来对妇女和自然采取
一种特殊而极不公平的支配形式。这种压迫和不公平有时体现在将
女性主体排除在权力斗争之外。葛兰西的霸权观不是局限于政治争
斗，而是决定了谁有资格进入政治领域。在民主国家里，男性主导
的机构常常将女性排除在权力之外。少数获得权力职位的女性更有
可能复制生物霸权的男子气概，而不是促进女性的进步。

---

① Peter Newell, "Bio-hegemony: The Political Economy of Agricultural Biotechnology in Argentina." *Journal of Latin American Studies* 41: 27 – 57. 2009.

② María Lugones, "Toward a Decolonial Feminism." *Hypatia* 25: 742 – 759. 2010.

③ Peter Newell, "Bio-hegemony: The Political Economy of Agricultural Biotechnology in Argentina." *Journal of Latin American Studies* 41: 27 – 57. 2009. Connell, R. W. and James Messerschmidt, "Hegemonic Masculinity: Rethinking the Concept." *Gender and Society* 19: 829 – 859. de la Cadena, Marisol. 2005.

因此，正如葛兰西所说的那样，当权者之所以要创造一种共识，就是因为在霸权的背后总是有不同的意见。阿根廷妇女领导的社会环境运动表明，霸权的男子气概和女性气质是同时存在的，也受历史条件的限制，因此也会受到挑战，也会发生变革。

三、母亲为了健康和生活而组织起来

如前所述，"伊图萨因戈的母亲"和"马尔维纳斯争取生命大会"是阿根廷的两个反对大规模种植大豆的最重要的组织。这些组织的斗争地点分别是伊图萨因戈—阿耐克索区和马尔维纳斯镇。这两个地方相距 20 英里，都是科尔多瓦省省会科尔多瓦市周围的工人阶级的聚居地。科尔多瓦省是阿根廷的第二大经济体，主要依靠农产品加工业和汽车制造业，也是潘帕斯地区第二大转基因大豆种植区。科尔多瓦市是阿根廷第二大城市，经济以服务业、制造业和大豆制造业为主。科尔多瓦市郊区的许多居民会经常接触到工业设施（如汽车厂生物乙醇厂）的有毒物质，也会受到农场的化学品喷洒剂的影响。

在整个南美洲，随着转基因抗除草剂大豆的推广，草甘膦除草剂的使用开始急剧增加。抗草甘膦杂草的出现促使农民使用更大剂量的草甘膦和更有毒的农用化学品。2016 年，阿根廷农用化学品和化肥的使用量比前一年增加了 50%，达到 390 万吨。2014 年，超过 2000 万公顷的转基因大豆喷洒了 8.8 万吨草甘膦。在阿根廷，医生记录的因长期直接接触杀虫剂而导致母亲流产和先天性出生缺陷的婴儿的比率不断增加。此外，农药漂移（农药喷洒后的扩散和潜在负面影响）所造成的恶果不成比例地都是由穷人、农场工人、农民和土著人家庭、妇女和儿童承担。

"伊图萨因戈的母亲"是第一批组织起来反对农用化学品喷洒

的团体之一，成立于 2002 年年初，并已成为反对农用化学品喷洒的典范。当时，16 名没有正式组织经验的妇女联合起来，调查为什么这么多家庭和社区成员，无论老少，都得病而死。她们知道，水被污染了，可能是被当地的汽车厂或发电厂污染了。她们知道，农药喷雾器在路旁的大豆地里（孩子们经常玩耍的地方）喷洒的农用化学品就是罪魁祸首，因为她们观察到，在喷洒农药后，人通常会头痛、咳嗽和出现皮疹。通过组织示威游行，她们向当局施压，要求化验水质，并进行血液检测。结果证实了她们的怀疑：在水中和人的身体里，农药和工业污染物的残留量高于平均水平。她们在一个 5000 人的社区里绘制了 200 多例癌症、呼吸系统疾病、皮肤病、流产和出生缺陷婴儿病例的分布图。2012 年，她们与学者和科学家联手，打赢了一场起诉一个大豆种植者故意污染环境的官司，这在拉美尚属首例。经过 10 多年的斗争，她们仍然在要求当局向那些受害者提供其曾经承诺的医疗服务。

根据 2010 年的人口普查，马尔维纳斯是科尔多瓦省最贫穷的地区。在 12187 名居民中，25.7% 无法满足自己的基本生活需求，2/3 的劳动力失业或就业不足，70.4% 没有医疗保险。当地医生在居民中发现了一系列与农药漂移有关的疾病，如肺病、皮炎、肿瘤以及儿童先天性畸形，孕妇流产率在全国也是最高的（每 100 人中有 22 人）。然而，在马尔维纳斯，就像在阿根廷的大多数种植大豆的地区那样，在孟山都公司到达以前，居民们并不认为农用化学品污染是一件值得引起关注的事情。

2012 年 6 月，费尔南德斯总统宣布，孟山都公司计划在马尔维纳斯建设拉美第二大转基因种子厂。在距离公立学校不到半英里的地方，工厂有 240 个筒仓日夜运转，不停地排放有毒气体。出于对孩子健康的担忧，2012 年中，"马尔维纳斯争取生命大会"组织了一个由本地居民组成的联盟，要求在环境影响评估之前停止该工厂的建设。在"要一个没有孟山都的春天"的口号感召下，抗议者在2013年9月封锁了所有通往建筑工地的道路，最终造成了永久性占领，成功终止了孟山都三年多的建筑计划。2017年年初，孟山都卖掉了土地，离开了那里。"马尔维纳斯争取生命大会"的斗争是在世界各地的许多反孟山都运动中的一个具有示范效应的"大卫战胜巨人"的故事。

与世界各地的环境运动一样，"伊图萨因戈的母亲"和"马尔维纳斯争取生命大会"主要是由妇女牵头和领导的。她们发动的对大豆产业抗争的主要动机，是关注社区成员的健康，特别是儿童的身心健康，这与保护健康和生命免受大型项目的开发所带来的社会危害和环境危害的全球呼吁不谋而合。因此，无论是否把她们动员起来，对健康的担忧是这些直接遭受农用化学品的危害的人共同的不满。在采访过程中，参与抗议活动的人指出，作为女性、母亲和祖母，她们的身份是这场运动的主要推动力，体现了女性保护孩子的"本能"。在她们的理解中，当孩子生病时，母亲有责任保护他们。

我在2015年8月采访这些母亲时问她们：受害者为什么只是女人？她们说："我不知道为什么，但受害者总是女人。当你看关于社区提出索赔的新闻时，是谁在说话？是女人，一直都是我们。我现在一直在关注（这样一种现象），当生活中出现一个问题时，即使像换灯泡这样的小事，也是一个女人在做。更不用说一个孩子和一个孩子的死亡了。一直都是女人在管孩子。女性更能表达正在发生的事情，表达她们有什么需要。而男人们只会大声高喊，但是女人有一种更特别的东西。一种无法言语的东西！"第二位抗议活动的参与者说："这是因为做母亲的缘故！女人承担着母亲、护士、老师、医生的责任……几乎包揽一切！如果你有了孩子，你可以在就医前就知道他是否发烧，什么病痛，他究竟怎么了。"

　　她们的回答说明，阿根廷妇女在拉美和整个全球南方争取社会正义和环境正义的斗争中是如何成为主角的，因为这些居民区常处于贫困和新自由主义结构调整带来的危险后果的核心。社会底层的女性常常被排除在传统的特权之外，常被描绘成贫穷的受害者，因此她们只能揭竿而起，领导一场自下而上的反抗运动，这是一种明显的女性化的抗议活动。

　　在个人层面，身份认同是发挥作用的第三种机制，塑造和改变了表面上看似静止的性别化社会结构。在伊图萨因戈和马尔维纳斯，贫困的工人阶级女性活动人士围绕母亲身份，创建了一种共同的身份，以便使她们能够挑战现有的家长式结构。母亲的身份推动了人们对转基因大豆的抵抗和反对。当然，这不是简单的基于身份政治或出于对私人利益的狭隘的保护，而是通过把母亲身份政治化这一做法来挑战公私二分法。"伊图萨因戈的母亲"的参与者敢于把自己的身份确定为"母亲"，显然是一种政治行为。正如她们告诉我的，她们把"五月广场母亲"看作自己的"榜样角色"。① 最重要的是，她们的母亲身份既使其行为获得了合法性，也给她们提供了一定的保护，从而使她们可以免受质疑或镇压带来的伤害。② 用她们的话来说，"没有人能告诉你谁让你出来的，但身为母亲这一事实已经赋予我们说出想法的权利。如果儿子生病了，如果我想责备他遭遇了什么，或者把他带到我想去的任何地方，没有人可以对你提出质疑。"因此，女性和母亲身份可以成为发动抗议活动的

---

　　① "五月广场母亲"（Madres de Plaza de Mayo）是20世纪70年代阿根廷出现的一个反对军政府独裁统治的人权组织。在军政府统治时期，许多阿根廷人因反对军政府的独裁统治而被杀或失踪。1977年4月30日（星期六）下午，一些妇女为寻找失踪的丈夫、儿子或其他亲人而来到布宜诺斯艾利斯的五月广场，在那里无声地走动。此后，每到星期四下午，总会有许多妇女出现在五月广场。——译者注

　　② 每月19日，来自伊图萨因戈和马尔维纳斯的母亲会带着她们的病中的孩子和家人，戴着口罩，在科尔多瓦法院门前行走。这一抗议方式仿效了"五月广场母亲"。——译者注

主要理由。女性活动人士誓死要捍卫她们保护自己的孩子的权利以及保护社区和环境的权利。正如"马尔维纳斯争取生命大会"的一位女性领导人告诉我的那样："我们必须明白，环保主义实质上并不是浪漫主义，而是一种共同利益。这是一个关乎生死存亡的问题。"争取健康和生命的斗争就是争取清洁的水、干净的空气、获得医疗保健、安全稳定的工作，简而言之，就是争取社会和环境正义。

通过将个人问题政治化，女性活动人士开始挑战公共领域和私人领域之间的传统鸿沟。以前被排除在政治辩论之外的女性和贫穷的主体，如今成了政治参与者，占据了中心舞台，通过关心家庭、社区和环境的伦理，对采掘主义和权力的宏观结构发起了挑战。因此，女性身份、母亲身份、家庭和社区成了她们抗争的领域。通过提高人们对转基因农业模式对健康造成危害的认识，并要求对健康和生命的保护优先于生产、经济增长和盈利，女性活动家对生物霸权的男性气概发出了挑战。阿根廷大豆政治经济中的性别化互动可以进一步揭示男性和女性行为者之间的相互关系。

四、性别互动

构成性别不平等的第三个层面是基于性别的文化上的期望，这种期望与男女之间的互动有关。性别互动是用地位的差异塑造期望值的方式，也是群体内和群体外的成员影响行为的手段。某些形式的社会互动有助于支持和反对按照性别来划分采掘主义，从而出现了性别化的不同结果，并造成环境的不公平。一般来说，男性（生产者、养家糊口的人、专家）和女性（作为照顾者、母亲、家庭主妇）的地位和角色期望不同，因此对农药喷洒的感知风险的认识常存在着一定的偏差。此外，政府的家长主义作风也使得采掘主义在国家层面上变得越来越合法化了。

我在采访那些在大型农场及其附近生活或工作的人时发现，女性对农药喷洒带来的潜在健康危害表达出比男性更多的担忧。男性则对可能存在的风险持模棱两可的态度，并认为农药喷洒（尤其是草甘膦）是无害的。这种性别认知的偏见出现在各个阶层：男性农民更倾向于支持使用农药，而中产阶级和上层阶级的大豆生产者的妻子更倾向于质疑其安全性。我没有遇到在农业生产上拥有决策权的女性，这表明，这个领域一直是由男性主导的。

认知偏见是对男女地位期望不同的结果。按照传统的性别角色，我采访的男性农业生产者和专家用生物霸权的男性术语来定义大规模农业生产的好处，如提高效率和利润以及创造就业机会。我采访过的所有农村妇女，不管她们是否直接受益于农业生产，都欣然同意把女性作为传统的"看护者"。母亲身份是贫穷的妇女和工人阶级妇女的共同特征，她们没有直接受益于大豆种植业模式，所以组织起来反对这种模式。但即使是那些确实直接受益的妇女（家庭收入主要来自农业）或间接受益的妇女（她们的丈夫从事农业工作或者是受益于农村城镇繁荣的企业主），她们也经常对使用农用化学品的潜在健康风险表示出担忧，特别是其对她们的孩子、家庭成员和邻居可能造成的伤害。

性别学者喜欢用"被强调的女性气质"这一概念，反对所谓"霸权的男性气质"这一提法。"被强调的女性气质"指的是女性以妻子、女儿等身份构建相对于男性性别而言的男女平等。"强调型女性气质"关注的是男性气质和女性气质之间的相互作用，尤其是女性遵守性别等级的方式。潘帕斯地区的妇女利用母亲的身份和照顾家庭的职责，为自己抗议农用化学品喷洒的权利进行辩护。这也让她们陷入了一个困境：一方面，通过体现母亲的"强调型女性气质"，她们实现了女性的角色期望；另一方面，通过质疑和对现状提出抗议，她们实际上在挑战自己。因此，她们试图通过顺应传统的性别角色来打破传统的性别分配，这可能是迄今为止她们无法改变现有性别结构的一个主要原因。

男性试图继续通过老套的性别互动，对女性施加权力，以显示他们的男子气概。例如，"伊图萨因戈的母亲"的一位参与者曾回忆起她遭遇的性别侮辱，如被称为"疯狂"和"不理性"。在与男性公共卫生官员会面时，她们因质疑"专家"的权威而受到斥责，并被称为"未受过良好教育的家庭主妇"。在马尔维纳斯，反对孟山都工厂的抗议活动导致邻里相互对立。许多男性居民支持大规模建设，因为这样可以使他们获得急需的工作岗位。因此，他们经常反击那些女性活跃分子，称男人才是家庭养家糊口的主要角色。"马尔维纳斯争取生命大会"的一位领导说，她经常这样回复那些男人的批评："你给她们面包，但我们拯救她们的生命！"这无疑使女权主义行动更加合法化，但也强化了传统刻板印象中的性别角色。

在阿根廷的大豆生产中，造成环境不公正的一个重要机制就是所谓国家家长制。从1996年阿根廷批准转基因种子用于商业用途开始，这个国家通过法律和法规形式，在没有公民社会广泛参与的情况下，以一种"父亲了解一切"的姿态，大规模推广转基因大豆的种植。"马尔维纳斯争取生命大会"的一个主要论点是，孟山都公司在没有事先得到社区同意的情况下获得了开工许可。总体而言，在各个层面上，政府总是试图将自己确立为有能力确定风险的权威专家，并要求民众信任政府和同意政府的决策。在这方面，最突出的一点是，政府机构认为，如果按照最佳的使用方法，草甘膦除草剂可以归类为一种无害的农药。

值得注意的是，在基什内尔政府时期，这种"父亲养着你"的家长主义作风变得更加猖獗，原因在于政府强调它从资源采掘业中获得的利润会用于反贫困之类的政府干预项目。阿根廷的最近几届政府对大豆出口征收了高达30%—35%的联邦税,资助了一系列社会福利计划,其中包括《男女户主家庭计划》《家庭补贴计划》《儿童津贴计划》等。在贫困率和失业率居高不下的背景下,没有人怀疑这些项目的重要性,但批评者认为,它们无法促进固定收入的就业。相反,这一切反而强化了妇女作为家庭主妇和母亲的传统性别角色。总的来说,与注重收入和创造就业的社会项目相比,现金转移项目加强了公民对国家的依赖。在基什内尔夫妇当政时期,庇隆主义风格的政治在人们的集体记忆中复活了,家长式作风则是其核心。因此,收入再分配使得性别化的自然资源采掘模式变得更加合理、合法,同时它却大大增加了民众对国家的依赖,从而最终助长了公众的沉默,阻碍了社会动员。

五、结论

以上分析表明,阿根廷的以大豆制造业为基础的资源采掘,对环境是不公正的。在反抗这一不公正的运动中,性别是一种关键的结构力量。为了分析这一反抗的性别特征、阶级特征和与其相关的政治经济学,本文探讨了一些制度性、个体性的和互动性的社会过程。在阿根廷,男性主导的政治机构控制着自然资源和技术创新,他们不断制造和强化所谓生物霸权的男性气概。阿根廷的政治精英和经济精英已经使公众接受了"大豆采掘主义"(大豆种植业),以一种所谓理性技术心态控制并支配着妇女和大自然。尽管转基因作物被吹捧为是一种有前途的、能够推动现代化和发展的农作物,但它实际上在面对环境不公正时已经变成一种权力工具。这种工具把女性和大自然处于一种受剥削的从属地位,从而促成了民众的沉默和首肯。

传统上被排除在政治领域之外的贫穷的工人阶级女性，已经开始走到了挑战男性生物霸权舞台的中心。"伊图萨因戈的母亲"和"马尔维纳斯争取生命大会"的领导人已经将母亲身份政治化，这无疑是对公共和私人领域之间的传统鸿沟构成了巨大的挑战。这两个组织的女性活动人士将妇女组织起来，要求获得一种关爱家庭、关爱社区和关爱环境的伦理。她们已开始向资本主义政治经济学和父权制发起了有力的挑战。

然而，利用母性常会使女权活动家陷入矛盾之中。她们试图通过展示强调型的女性气质来重建等级性别关系，以挑战生物霸权的男性气概。阿根廷的政治精英和经济精英用传统的性别侮辱等方法回应她们的挑战，让她们保持沉默，并对她们进行管教。阿根廷的政治经济关系中存在着一种内在的性别因素，但是，由于它具有等级分明的性质，因此，它在推动抵抗运动的同时也受到了一定的制约。

在过去的 20 多年，自从阿根廷采用转基因种子技术以来，大豆种植模式带来了一定的经济增长，但也对社会和生态造成了广泛的危害。这一种植业带来的成本和收益分配是非常不均等的，实际上是将生产的外部化成本转移到下游的穷人和工人阶级社区，最终殃及土著人的生命和他们的土地。因此，有必要尽快对大豆种植业政治经济学涉及的性别、阶级和种族进行深入研究。只有对阿根廷资源采掘中造成不平等的多重因素有一个深入的了解，我们才能发现机遇，反思并重构社会环境关系，使关爱高于利润，使生命重于毁灭。

（原载《拉丁美洲透视》杂志 2019 年第 2 期）

厄瓜多尔的"美好生活":
一种新的发展思想

萨拉·卡里亚

厄瓜多尔国家高等研究院研究员

拉斐尔·多明格斯

西班牙坎塔布里亚大学经济史教授

【内容提要】拉斐尔·科雷亚在 2006 年总统选举中作出的承诺之一就是通过起草新宪法来重建厄瓜多尔。他表示,他的主要目标是为实现社会正义、平等和废除特权而斗争,以建立一个尊重多样性和自然的社会。2008 年 9 月的全民公决通过了新宪法。这一宪法明确地将"美好生活"确立为新国家的基本原则,其宗旨是要翻过 20 世纪八九十年代新自由主义改革的一页。"美好生活"这个概念问世后就立刻引起了学界、政界人士和其他社会各方面的极大兴趣,其影响远远超出了起源于安第斯地区土著人传统的范围。事实上,它已经成为一个国际上热烈争论的话题。"美好生活"这一理念倡导公民在物质与精神上的满足和幸福感,即实现一种充实、平衡的生活状态,以达到与人类和大自然的各个方面和谐相处的目的。尽管人们对其确切含义莫衷一是，但大多数学者认为，它至少应该包含以下几个基本要素：人与自然和谐相处，尊重土著人的传统价值观和原则，满足人的基本生活需求，促进作为国家责任的社会正义、和平、民主。科雷亚总统根据"美好生活"的基本要素制定的政策和采取的行动，似乎更多地来自一种更为务实的政治取向。官方话语中提到的各种关于"美好生活"的概念，看起来都只是科雷亚政府计划谋求建立共识的一种工具而已。"美好生活"可以被看作一种幻想或一种古老而理想的充实状态。在这种状态中，欲望本身（即期望的享受）往往超过实现期望的实际可能性。许多"美好生活"的支持者几乎毫不关心这个概念的模糊的定义以及令人可疑的政策，甚至不关心这一理念与政府的做法之间表现出的明显差距。"美好生活"常被称为"乌托邦式的未来"或"现实版的乌托邦"。厄瓜多尔政府实施的具体政策与"美好生活"理想之间有差距。尤其是近年来，在政府为追求其政策合法性而展开的辩论中，"美好生活"所发挥的作用越来越不那么重要了。渐渐地，"美好生活"这一提法正在被要求改变经济生产结构的呼声取而代之。这正是"美好生活"开始转型的一个紧迫步骤。

厄瓜多尔总统拉斐尔·科雷亚于 2007 年上台执政。在过去的 10 年里，这个国家经历了一段强烈的政治和经济不稳定时期：有过八位总统上台执政，2000 年爆发的严重的金融和经济危机导致该国经济实行美元化，许多人向欧洲和美国移民。科雷亚是一位富有魅力、受过高等教育的经济学家，曾在比利时受过教育，并拥有美国伊利诺伊大学的博士学位。他在 2005 年短暂担任过财政部部长，并创立了一个名为"主权祖国联盟运动"的政党。这是一个由学者、中产阶级和土著人组成的左翼联盟。他在 2006 年总统选举中作出的竞选承诺之一就是通过起草新宪法来重建这个国家。他的主要目标是实现社会正义、平等和废除特权，以建立一个尊重多样性和自然的社会。

上台后，科雷亚遵守了自己的承诺，并于 2007 年召开了制宪会议。2008 年 9 月的全民公决通过的新宪法明确地将"美好生活"确立为新国家的基本原则，目的是要翻过 20 世纪八九十年代新自由主义改革的一页。"美好生活"这个概念一经提出就立刻引起了学界、政界人士和社会各方面的极大兴趣，其影响远远超出了起源于安第斯地区土著人传统的范围。事实上，它已经成为一个国际上热烈争论的话题，并被提议作为应对重大全球环境挑战的一个典范。有人认为，"美好生活"概念的提出，为建立在一种全新的价值观和世界观之上的发展概念作出了原创性贡献。还有人指出，它与 20 世纪 90 年代以来的发展概念（特别是人类的可持续发展的概念）有相似之处。无论从哪个角度看，新宪法通过以来，"美好生活"一直是政府政策的根本宗旨和国家规划的指导方针。

本文的目的不是要对"美好生活"的起源、它的世界观或对（后）发展理论的贡献提供深刻的见解，而是要检验这一理念在多大程度上被用作国家政策的指导方针。尽管宪法和当局对"美好生活"的目标发表了官方声明，但近年来厄瓜多尔政府所实施的一些关键性政策，却暴露出与"美好生活"这一理念和精神之间的深刻矛盾。本文分为四个部分：第一部分简要介绍"美好生活"的基本要素；第二部分对意识形态的三个基本概念进行概括性描述，这三个基本概念可以用来阐明"美好生活"的原则与政府政策之间的关系；第三部分对这三个基本概念进行分析；最后一部分将阐述"美好生活"的思想以及它在科雷亚政府的现代化计划中发挥的凝聚共识的作用。

一、美好生活：一个新时代的共存条约

厄瓜多尔在 2008 年制定的宪法序言中指出，制宪会议的任务是建立"一种新的共存形式，在多样性中与自然界和其他方面和谐相处，以实现美好的生活（Sumak Kawsay）。"[①] 厄瓜多尔科技部长、前国家发展规划部部长勒内·拉米雷斯可能是写过关于"美好生活"最多的政府官员之一，他将其称为"一项新的社会协定"或"一项新的共存协定"。[②] "美好生活"这一理念倡导公民在物质与精神上的满足和幸福感，即实现一种充实、平衡的生活状态，以达到与人类和大自然的各个方面和谐相处的目的。尽管人们对其确切含义莫衷一是，但大多数学者认为，它至少应该包含以下几个基本要素：人与自然和谐相处，尊重土著人的传统价值观和原则，满足人的基本生活需求，促进作为国家责任的社会正义、和平、民主。它有两个相互交叉的特征：一是它在不断进行中，二是它与西方所倡导的以人类为中心的、资本主义性质的、以经济为中心的现代性范式格格不入。

（一）与自然和谐相处

尊重"帕查玛玛"可能是"美好生活"理念中最清晰、最广为接受的一面。[③] 国家宪法中专门有一章对"美好生活"的权利

---

① 苏马克·夸塞（Sumak Kawsay）是盖丘亚语，Sumak 有"理想的""漂亮的""美好的"意思，Kawsay 是指"生命"。二者组成短语就是"美好生活"。——译者注

② René Ramírez, "Socialismo del Sumak kawsay o biosocialismo republican," pp. 55–76 in Los-nuevos retos de América Latina; Socialismo y Sumak Kawsay. Quito: SENPLADES. 2010.

③ "帕查玛玛"（Pachamama）在盖丘亚语中的意思是"大自然母亲"。——译者注

（2008 年宪法第 14 条）进行了详细的阐述，包括承认人民有权生活在健康和生态平衡的环境中，以保证"美好生活"的可持续性。明确宣布的公共利益包括：爱护环境、保护生态系统、生物多样性和国家祖传遗产的完整性、防止环境破坏、恢复退化的自然空间等。

"美好生活"理念基于人与自然之间的归属关系，而不是支配或剥削的关系。它要求对生命有一种"以生物为中心"的理解，即大自然有它自己的权利和内在的意义，不论它对人类生命的价值多大。宪法中关于自然权利的章节明确地指出："尊重自然的存在及其生命周期、结构、功能和进化过程的维护和再生的权利"（2008年宪法第 71 条）。因此，"美好生活"是不可能通过剥削自然的经济模式来实现的：厄瓜多尔社会签署的这个新社会契约是不能与依赖初级产品出口的经济模式共存的。

（二）尊重土著人民的价值观和世界观

厄瓜多尔祖先的民族传统应该成为一种明确的参照，因为"美好生活"就是"苏马克·夸塞"。作为安第斯国家，厄瓜多尔对经济、社会、文化和环境权利等概念的理解来自南美洲安第斯地区古代社会的世界观，即"美好生活"就是"苏马克·夸塞"。"美好生活"建立在这一坚定的信念之上，即多样性就是丰富性，跨文化对于实现一个基于古老土著人传统的公正和平等的新社会具有至关重要的意义。国家宪法保护社区、人民和民族的基本权利，并规定必须尊重土著人居住地的完整性（2008 年宪法第 57—60 条）。为此，厄瓜多尔在 2009—2013 年和 2013—2017 年国家发展计划中设定了具体目标，旨在促进和加强厄瓜多尔社会的多样性特征。

（三）满足基本需求

宪法将通常所说的"基本需要"解释为"权利"。国家的"基本职责"包括："不加歧视地保障宪法和国际法律文书中确立的各项权利的实现，特别保障其居民的教育、卫生、食品、社会保障和用水的权利"（2008 年宪法第 3 条）。这些基本需求的理念在2009—2013 年国家发展规划中再次得到体现："在一个基本需求未得到满足的比率仍然很高的社会中，国家有必要为初级产品出口战略寻找一个替代方案"。为此，政府提出了一项长期积累和分配战略，叫作"满足基本需求的'内生战略'"。这条四步走的道路的第一步是"生产资料民主化、财富分配民主化、财产形式多样化，以及进口替代和出口贸易的多样化"。2013—2017 年的计划更加突出强调需要引入"生产格局的变化"，即生产的结构性变化，以创造更多的就业机会、减少贫困和消除不平等现象。

（四）把实现社会公正和平等作为国家的责任

"美好生活"与公众福祉和集体利益有着密切的关系，它因此也被称为"苏马克·夸塞社会主义"或"21 世纪的社会主义"，以突出强调其对社会正义和平等的重视。此外，作为"集体行动的主要代理人"，国家在民众的政治生活中往往能够发挥着十分重要的作用。宪法还规定，国家必须要"规划国家的发展，消除贫困，促进可持续发展，公平地分配资源和财富，以实现更美好未来的责任"（2008 年宪法第 3 条）。

（五）促进民主

"美好生活"的本质就是提倡参与性和协商性的民主，其基础是人民不断参与国家的公共生活和政治生活。正如前财政部部长和现任外交部长里卡多·帕蒂诺所指出的那样，"在厄瓜多尔和其他一些拉美国家，民主和参与不过是一种简单的投票行为。相反，民主的前提应该是社会对决策过程的直接参与"。①

（六）"美好生活"是一个正在进行中的项目

"美好生活"是一个正在辩论的概念，一个值得引发思考的灵活的概念，一个复杂的、而不是线性的概念。它是由历史决定的，其意义正在不断地被重新审视。与其说"美好生活"是一项宪法宣言，还不如说这是集体创造一种新的生活组织形式的机会。

（七）"美好生活"是一种对现代化范式和发展观的批判

"美好生活"否定主流发展理论的基础。新的共存协定强调建设一个崭新的世界，这与侧重生产和经济领域以及物质消费的西方文明的主张形成了鲜明对比。在经济领域，现代性范式等同于华盛顿共识和正统的发展理论。但在厄瓜多尔，这两个概念框架都被坚决抛弃。2009—2013年的国家发展规划认为，多年来，厄瓜多尔的发展概念基本上没有受到任何方面的批评。即使有来自包括女权、环境、文化、社区和政治方面的反对意见，他们也无法提出另一种更好的替代方案。为此，该计划提倡暂停使用"发展"这一概念，以引入一场关于"美好生活"概念的辩论。这种范式转变需要一种新的衡量幸福感的标准，一套新的目标、手段、指标和工具。为了将过去的理论和实践拉开距离，科雷亚总统为他的政府计划创造了"公民革命"这样一种说法。

---

① Ricardo Patiño, "Diferencias entre el socialismo del siglo XX y el socialismo del siglo XXI: la democracia participativa y el nuevo sujeto revolucionario," pp. 133 – 140 in *Los nuevos retos de América Latina: Socialismo y Sumak kausay*. Quito: SENPLADES. 2010.

二、意识形态的基本途径

在过去的一段时间里，"意识形态"在不同的概念框架中、在不同的语境下具有不同的含义。在当前厄瓜多尔的政治形势下，意识形态的内涵在以下三个方面与"美好生活"有关：即错误的意识、动员乌托邦和主流意识形态。作为一种错误的意识，意识形态具有消极的内涵。这是马克思的定义的支柱。意识形态被描述为一种扭曲的思想，仿佛通过一个镜头看到的现实，把图像颠倒过来，掩盖其内在的矛盾。它实际上代表了对现实的一种歪曲，目的是使控制国家的统治阶级的利益合法化。它的基本功能是维持某种特定的控制形式。马克思、葛兰西和齐泽克等人都遵循这一总的方向。

意识形态常常在正面被描述为一种动员幻觉，是一种集体行动的推动力。事实上，在马克思主义的分析中，我们不仅要对旧的（资产阶级）意识形态进行解构，而且还需要建立一种新的意识形态，把它作为一种"进攻性武器"，反击霸权主义理念。按照马克思主义的传统，这种新的意识形态是工人阶级利益的一种政治表达方式。集体行动必须寻求一种能够代表其最终目标和抱负的完整状态（有时被称为"乌托邦"）。列宁、葛兰西和卢卡奇都认可这种解释，因此我们可以看到它与意识形态的精神分析法之间的交汇点。根据精神分析法，特别是对弗洛伊德、拉康、马尔库塞和阿尔都塞这些伟大的哲学家来说，意识形态是一种宗教和文化的象征与社会理想的核心，是用来对抗人类面对大自然时表现出来的无能为力，并且能够纠正令人遗憾的文明缺陷，也是由幻觉及人类最迫切和最古老的欲望的物化构成的。例如，拉康认为，在追求这种幻觉的过程中，真正重要的是欲望，而不是实现的可能性。欲望赋予现实以理性和具有连贯性的秩序。

三、"美好生活"的意识形态

近年来，厄瓜多尔政府根据"美好生活"的基本要素制定的政策和采取的行动，似乎更多地来自一种更为务实的政治取向。这些最新政策背后所体现的发展理念与"后华盛顿共识"非常相似，官方话语中提到的各种关于"美好生活"的概念，看起来都只是科雷亚政府计划谋求建立共识的一种工具而已。

（一）关于公民革命的错误意识

1. 与自然和谐相处。2013—2017 年国家发展规划把改变经济模式作为厄瓜多尔政府的优先事项，旨在把公共投资用来播种石油和构建一个为知识社会服务的生产结构。① 采掘主义活动的初衷是产生盈余，并将其投资于其他制造业部门。但是，用近期内从资源采掘业获得的收入去永久停止资源的长期开采，是天真而自相矛盾的想法，比登天还要难。根据厄瓜多尔中央银行的报告，原料出口收入占出口收入总额的比重从 2007 年的 74.3% 上升到 2014 年的 83%，非石油部门贸易逆差在 2006 年至 2012 年间翻了一番。采掘业活动对当地的社会和环境产生了严重影响，一些居民的生存面临着流离失所、健康恶化以及砍伐森林导致污染加剧的风险。根据全球森林观察网络平台的数据，厄瓜多尔的森林砍伐速度提高了 55%，在 2001 年至 2006 年，全国森林面积减少了 20 多万公顷，

---

① 播种石油（sowing oil）是一种形象的说法，意思是国家通过大力发展石油工业，将石油出口收入用于经济建设和社会发展。除厄瓜多尔以外，委内瑞拉也有这一说法。——译者注

2007 年至 2012 年减少了 31.5 万公顷。① 显然，人与自然之间的这种"剥削关系"没有得到根本改变；相反，新采掘主义的目的就是要将大自然变成世界市场上可变卖的商品。过去，人们经常把采掘主义与贫困和经济边缘化联系在一起。如今，它被认为是经济发展的动力和社会项目融资的重要来源。

从这个角度来看，"亚苏尼倡议"提出的将石油留在地下的经济补偿机制，具有一定的象征意义。② 最初，它蕴含的是一种关于大自然的新概念，但自 2013 年科雷亚总统决定开采亚苏尼地区的油田以来，这一倡议也就成为目前的这种开发的代名词了。早在 2010 年 1 月，科雷亚总统就已经表达了开发该地区的石油的意愿，因为他认为联合国开发计划署提出的托管条件是"不光彩的"，尽管在 2012 年的"里约 + 20 会议"上，他说他要捍卫这一倡议。

将亚苏尼国家公园原封不动地保留下来的倡议，从酝酿到取消，产生了两个矛盾。第一个矛盾涉及其中的行动者。这一倡议是在土著人和环境保护主义者长期抵制的过程中形成的，而且被当作不能在亚马逊地区开采资源的"进攻性武器"。在科雷亚总统的第一个任期内，亚苏尼是厄瓜多尔民主复兴的象征，在公民社会组织中颇受欢迎，并且被视为控制碳排放的方法。然而，从这一倡议转变为公共政策的那一刻起，国家便采取行动，将那些从一开始就捍

① 全球森林观察（Global Forest Watch）是一个在线平台，提供森林监测的数据和工具，通过利用高科技手段，向任何人提供实时信息，以了解全球各地森林发生变化的地点和方式。——译者注

② 亚苏尼拥有 500 万公顷的雨林，被认为是世界上生物多样性最丰富的地区之一，也是 18 万土著人的世代家园。此外，该地区还拥有丰富的石油资源，估计为 8.5 亿桶，占厄瓜多尔全国石油矿藏资源的 20%。为了保护该地区，科雷亚总统在 2007 年提出了"亚苏尼倡议"。根据这一倡议，厄瓜多尔可以不开采该地区的石油资源，但国际社会必须为其提供 36 亿美元捐款，以弥补经济损失。2013 年 8 月 15 日，科雷亚总统说，迄今为止，厄瓜多尔仅获得 1300 万美元捐款，与既定目标相去甚远。因此，厄瓜多尔决定放弃"亚苏尼倡议"，开采该地区的石油。——译者注

卫这一倡议的群体排除出去，并将它们边缘化。第二个矛盾是手段和目的之间的矛盾。事实上，国家既要促进经济发展，又要承担保护自然的责任。但实现后新自由主义发展的手段（加强自然资源的开采），却会威胁到目标的实现（尊重自然的完整性）。

"美好生活"是一种"思想的扭曲"，是一种错误意识。与自然和谐相处掩盖了"乞丐坐在一口袋金子上"这样一种真实的意识。对于拥有未开采的石油资源、但贫穷持续不断的厄瓜多尔人来说，这个比喻实际上等于引入了一种对自然的功利主义概念，从而使其货币价值远远高于其他各个方面。瓦列霍等人得出的结论是：在不考虑简单的成本效益的情况下，如果将社会和环境标准等指标纳入其中，那么，"把经济模式转到以可再生能源为基础后带来的好处，以及保护重要的环境和社会'资本'后获得的好处，将远远超过从经济角度确定的收入差距。"①

科雷亚总统还宣称，他的国家总体规划面临的主要威胁来自"左翼主义和幼稚的环保主义"，后来又加上了"幼稚的土著人主义"。然而，这种态度与尊重古人的原则是格格不入的。总之，"美好生活"是一种思想的扭曲，它是通过将物体颠倒的镜头来呈现现实的世界。

2. 尊重土著人民的价值观和世界观。一旦政治讨论集中在具体问题上，科雷亚总统和土著人运动之间最初形成的强大联盟就逐渐演变成公开的冲突。人们有理由认为，这是因为双方的态度发生了改变，但政府却故意忽视了一些土著人的基本要求，即保持他们的领地完整。在这方面，"亚苏尼倡议"的象征意义在于：它不仅违

---

① Maria Vallejo, Cristina, Rafael Burbano, Fander Falconí and Carlos Larrea, "Leaving oil underground in Ecuador: The Yasuní – ITT initiative from a multi-criteria perspective," 109: 175 – 185 in Ecological Economics. 2015.

背了与自然和谐相处的"美好生活"所体现的原则,而且违反了宪法第 57 条,该宪法规定,凡是属于自愿与世隔绝的土著人的领土是不可侵犯的,并禁止在那里进行任何形式的采掘活动。除了亚苏尼这个案例之外,政府还拒绝与当事方讨论过度开矿造成的环境破坏问题,这一破坏可能影响到土著人的生存环境和文化。政府与土著人事先进行协商这一权利,在宪法和其他保护人权的国际条约中都有明文规定。于是,一个名为"亚苏尼的捍卫者"(Yasunidos)的社会运动应运而生,它呼吁民众进行协商,对批准或拒绝亚苏尼地区的石油开采行使同意或否定的权利。2013 年年底,该组织向全国选举委员会提交了一份咨询要求,这一请求引发了一场关于支持该要求的签名是否合法的激烈争议。最终,委员会宣布这一请求无效。"亚苏尼的捍卫者"指责全国选举委员会幕后操纵了这一事件。

3. 满足基本需求。毫无疑问,近年来厄瓜多尔的社会条件得到了明显的改善,如贫困率在降低,不平等现象不断减少,公民可以享受更好的教育和健康条件。2006—2014 年,厄瓜多尔的贫困人口从 37.6% 下降到 22.5%,极端贫困人口也从 16.9% 下降到 7.6%,同期的基尼系数由 0.54 降至 0.47。这意味着,这些数字下降的速度要明显快于拉美其他国家的平均水平。然而,这些改善是自 2007 年以来实施的社会发展计划所取得的效果,还有来自海外移民的汇款增加,而不是该国实施的经济模式的直接结果。阿科斯塔指出,政府除了表达一些言论和进行激进变革的承诺之外,该国的财富集中问题并未得到根本解决,经济积累模式也没有发生结构性的转变。[①] 因此,为了从满足民众的基本需求转向更广泛的主观

① Alberto Acosta, "A modo de prólogo: el correísmo—un nuevo modelo de dominación burguesa," pp. 9 – 21 in Freddy Javier Álvarez et al. (eds.), *El correísmo al desnudo*. Quito: Montecristi Vive. 2013.

幸福感,那些单靠提高收入的政策是不够的。最佳方式是要制定政策、培育"美好生活"精神、维护人民与社区和土地之间的良好关系。

社会公正和平等是国家的责任。要实现"美好生活"的目标,需要通过满足基本需求的"内生战略",对经济模式进行根本性的重新定位。朝这个方向迈出的第一步应该是重新分配财富和实现生产资料的民主化。水和土地的再分配是社会运动和土著人运动数十年来提出的一项根本要求。科雷亚总统宣称:"效率和生产力标准必须凌驾于正义和获得土地之上,效率不是家庭和小农农业的特点","将一大块财产分割成许多小块财产,意味着分配贫困"。值得一提的是,在厄瓜多尔,5%的土地所有者控制着52%的耕地,而60%的农民只拥有6.4%的土地。在2009—2012年,农业部实施的土地分配计划("蒂拉计划")分配了大约4万公顷土地(主要是公共财产)。最初的目标是将土地使用权的基尼系数从0.80降至0.69,但要实现这一目标,需要分配大约200万公顷的土地。虽然宪法对灌溉用水作出了明确的规定,但在2006—2011年期间,灌溉用水的分配不公现象在恶化。① 就私营部门的结构而言,10%的大企业控制着总销售额的96%。根据2013年的官方税收数据,2012年,118个大型经济集团申报的收入相当于国内生产总值的48%,占总人口20%的最富有的阶层的收入占国民收入的52%。

社会公正和平等不能仅限于减贫,还必须为社会主义的新形式打下基础,这就需要从根本上改变权力关系和经济社会结构。但这个问题一直没有得到解决。科雷亚总统将自己定义为一个(基督教)社会主义者;然而,在他执政期间,主要经济集团(如银行和

---

① 宪法要求政府在两年时间内对灌溉水的分配和使用作出评估,采取必要的措施,使中小规模的农业单位能以更为公平的方式获得灌溉用水。——译者注

贸易集团）获取的利润比前几年实施新自由主义的时期增长了50%。所以，所谓"苏马克·夸塞"社会主义不过是一种错误的意识，它掩盖了现实，被政府用来使其行为更加合法化。

4. 民主。科雷亚是按照卢梭的公意理念来理解民主的，这与参与式和协商式民主的概念并不相符。在过去的八年里，公民被多次要求投票选举他们的代表。言下之意，要么接受，要么拒绝改革。在通常情况下，结果都是科雷亚胜利，尽管每一次他得到民众支持的程度有所不同。然而，投票已经变成了一场"公民表决"，它要求人们直接接受或拒绝一个不能进行讨论或修改的方案。为此，实现真正的参与式民主的可能性是有限的，在参与式民主中，"美好生活"应该是由每个人的贡献来决定的。有两个例子将有助于说明这一点：第一个是 2011 年的全民公投，其中包括 10 个问题，涉及一系列截然不同的问题，内容涵盖司法、安全、环境、银行和媒体的一系列改革等。政府进行造势活动的目的是要在所有问题上获得赞成票，公民被要求重申他们对科雷亚政府的支持，而不是就这些应该进行协商的主题发表意见。第二个例子发生在 2013 年 10 月，当时国民议会的一群女性议员提议，对强奸案件中堕胎合法化问题进行讨论。科雷亚则威胁说，如果议会一定要去讨论这项提议，他就会辞职，而且，支持这项提议的代表则被他指控为叛徒。正如弗里恩特和兰莫尔所指出的那样，"厄瓜多尔似乎将其公民视为'被动的社会当事人'，而不是激进民主的主动参与者。"[1]

在厄瓜多尔，公民概念是官方话语的核心，但它只是提供了一个拉克劳所说的"空洞的记号"。这个"记号"在霸权（官方）话语中发挥着重要作用。如今，"公民"已经取代"组织"，成为社

---

① Martin Calisto Friant and John Langmore, "The Buen Vivir: A Policy to Survive the Anthropocene?" 6 (1): 64 – 71 in *Global Policy*. 2014.

会行为的合法主体。

（二）"美好生活"是一种乌托邦动员

在"幸福生活"理念中，我们很容易地发现，梦想和愿望的表达与拉康对意识形态的定义是一致的。它能够为公共领域带来一个传统上被认为是私人问题的维度。"爱和被爱"与"有时间沉思"作为指导原则被写入厄瓜多尔的国家发展规划之中。从同样的角度来看，宪法对土著人传统的基本价值的界定，满足了赋予一种文化和几个世纪以来一直被边缘化人口以尊严的愿望。除了关于它的有效性和执行力的争论之外，自然权利可以被解读为一种愿望，即面对日益冲突的关系，需要重建人与环境之间的平衡，这样会给人类生活带来戏剧性的积极后果。在这个意义上，"美好生活"可以被看作一种幻想或一种古老而理想的充实状态。在这种状态中，欲望本身，即期望的享受，往往超过实现期望的实际可能性。许多"美好生活"的支持者几乎毫不关心这个概念的模糊的定义以及令人可疑的政策，甚至不关心这一理念与政府的做法之间表现出的明显差距。当"美好生活"作为人类问题的解决方案出现在官方话语中时，它被描述为一种来自内心情感领域的悲哀，而不是来自对世界的理性理解，而此时此刻最重要的是要保持一种乌托邦式的视野。

"美好生活"常被称为"乌托邦式的未来"或"现实版的乌托邦"。2013—2017 年国家发展规划写道，"美好的生活是我们的地平线"，因此有必要继续坚持下去。作为一个动员性的乌托邦，"美好生活"提供了社会凝聚力和集体认同感，因为它使用了（几乎）每个人都能认同的包容性语言。虽然它不能归结于一个社会阶层或民族，但它肯定反映了各个群体的愿望，这一事实在立宪过程和国家重建过程中发挥了根本性的作用。

（三）"美好生活"是一种主流意识形态

在厄瓜多尔，"美好生活"这一理念已经取得了主导意识形态的地位，而且，它已经变得自相矛盾和狭隘。首先，作为一种自相矛盾的意识形态，它居然用某些与它的基本理念相矛盾的事实来证明那些与它的基本思想相反的政策。正如我们所看到的，政府大力宣扬"美好生活"，目的是要将那些明显与其原则相矛盾的措施合法化。其次，这一占主导地位的意识形态无法容忍异见和其他思想。因此，任何分歧都是背叛，并受到暴力的压制。无论是出于不可告人的目的说出自己的想法的反对派寡头，还是表达不满的社会运动参与者，都会受到鄙视和嘲笑。当然，一些组织的要求和立场肯定是为了反映其公司的利益，但在参与式民主中，异议是无法被压制的，对权威提出的批评也是不可避免的。

作为一种意识形态，"美好生活"的理念与其所针对的群体的利益是一致的，例如，厄瓜多尔近年来所实施的社会政策的覆盖面比过去任何时候都广。但这并没有损害葛兰西所说的"经济活动的核心"，即经济精英的特权。正如齐泽克的理论所预言的那样，"社会进步要与现存的权力关系保持一致"。综上所述，作为厄瓜多尔政策的根本目的，"美好生活"是意识形态话语的根基，是一种本身不包含任何意义的记号，被用来构建和承担一种身份。用齐泽克的话来说，它具有一种表演的功能。

我们可以提出一些假设来解释厄瓜多尔政府实施的具体政策与"美好生活"理想之间的差距。首先，考虑到该国传统上的不稳定性，科雷亚总统避免了与厄瓜多尔经济精英的公开对抗。他采取了更为谨慎的方式，并尽可能多地在政治上允许的范围内进行收入再分配。利萨·诺斯认为，政府推行的雄心勃勃的再分配计划会损害到香蕉、鲜花、西兰花和虾出口商的经济利益，因为这些出口商帮助厄瓜多尔维持其货币制度，提供其所需的货币流入。她还认为："要么科雷亚不想伤害他们，因为他认为他们是高效率的生产者；要么他不能伤害他们，因为他害怕他们的政治权力"。① 科雷亚本人似乎对小农和商人能否作出经济贡献或能否直接参与民主进程没有太大的信心。只有与社会运动结成更强有力的联盟，才有可能实现更深层次的民主化。范霍斯特和贝林认为："就像历史上许多激进的变革话语一样，当一切归结到政治、经济和社会实践时，人们会看到，'美好生活'的新社会和政治乌托邦就无法兑现它的承诺了。这是不足为怪的。"② 与此同时，就生产结构的变化而言，当前的国际环境不利于厄瓜多尔降低对初级出口的依赖。对厄瓜多尔这样的专门生产原料的小型开放型经济体来说，南南合作领域的全球化将进一步推动其与亚洲国家的商业关系。这意味着，厄瓜多尔将更多地利用比较优势，推动采掘主义趋势的发展。

四、结束语

在官方文件中，"美好生活"被定义为"发展"之外的另一种选择，但它产生的政策与传统的以发展为导向的模式十分相似。"美好生活"在很大程度上蕴含了不同的发展愿景（而不是发展的替代方案），如自 20 世纪 90 年代以来西方世界开始引入的"人的发展"和"可持续发展"。沃尔什认为，2009—2013 年国家发展规划的重点在于人的发展，包括自由、自治、包容和社会凝聚力。从这个角度看，"美好生活"的创新力及其与传统发展观的不同似乎

---

① Liisa North, "New left Regimes in the Andes? Ecuador in Comparative Perspective," 91：113 – 136 in *Studies in Political Economy*. 2013.

② Julien Vanhulst and Adrian Beling, "Buen Vivir: Emergent Discourse within or Beyond Sustainable Development?" 101：54 – 63 in *Ecological Economics*. 2014.

已经失去了其很大一部分活力。关键的问题是，美好生活这一理念是否正在成为另一种话语工具和拉拢人的术语，仅仅对国家及其结构起到关键的作用，而对真正的跨文化、跨认知和多民族的转变意义不大。①

齐泽克将意识形态话语描述为一个没有具体定义的记号。这个记号是意识形态的本质，排除了一种象征秩序的关键要素。这一要素以症状的形式重新回归。"美好生活"就是这样一个重要的记号，它将发展的概念排除在象征性秩序之外，同时让它在政治权力需要证明其行为正当性或合法性的时候得以回归。当科雷亚要证明开发亚苏尼油田的决定是合理的时候，认为这一开发有助于 GDP 增长（增长是最传统且最有问题的衡量发展的标准），传统的发展理念便重新出现。此外，在2009—2013年国家发展规划中，"美好生活"和"发展"被理解为可以互换的两个概念，但"发展"这个概念出现的频率是"美好生活"的三倍，政府也一度表示要暂停使用"发展"一词，目的是开展一场关于"发展"概念的大辩论。

萨顿将发展定义为"我们这个时代的主要意识形态"。他声称，其作用就是使不同学说产生的政策具有合理性，以满足不同阶层的不同需要，但就像大多数意识形态一样，它具有模糊性、不精确性和矛盾性。他又说："最重要的是要使制定的政策和确定的愿望尽可能地合理化，同时又能不为其他的教条所左右。'发展'这个词一方面满足了不同的需求，同时也会激励和挫败那些谋求发展的人。因此，它的主要特点在于其含糊性和乌托邦式的夸夸其谈。"②从这个意义上来说，"美好生活"和"发展"有着明显的"选择性

① Catherine Walsh, "Development as Buen Vivir: Institutional Arrangements and (de) Colonial Entanglement," 53 (1): 15 – 21 in *Development*. 2010.

② Francis Sutton, "Development Ideology: Its Emergence and Decline," 118 (1): 35 – 60 in *Daedalus*. 1989.

亲和力"，因为两者都是意识形态上的概念。

无论科雷亚的公民革命面对什么样的冲突，它仍然得到了相当一部分人的支持，因为选举结果已经清楚地表明了这一点。在厄瓜多尔这样一个不平等和排外的国家里，科雷亚为提高边缘化群体的收入而实施的政策，对腐朽的、效率低下的国家机器的现代化改革，已经产生了革命性的效果。这个国家经历了一场期待已久的转型变革，以弥补环境持续性衰退带来的负面影响。问题是，为了弥补国家的现代化工程的不足，有无必要去发挥"美好生活"体现的诗歌魅力或一种充满活力的精神，以及在"友爱、友谊、团结和与自然和谐共处"中可以感受到的精神。答案也许是肯定的，因为发展这一概念已经深深地植根于为新自由主义辩护的话语之中。它的名声如此之差，以至于有必要把它排除在官方的政治话语之外，直到国家和社会发生某种深刻的变革和复兴。

近年来，在政府为追求其政策合法性而展开的辩论中，"美好生活"所发挥的作用越来越不那么重要了。渐渐地，"美好生活"这一提法正被要求改变经济生产结构的呼声所取代，而这正是"美好生活"开始转型的紧迫的一个步骤。正如齐泽克所言："既然新的权力已经得到了肯定，那么，发展就可以在最容易被理解的经济增长和结构变化中承担主要作用。"①

（原载《拉丁美洲透视》杂志 2016 年第 1 期）

---

① Žižek Slavoj, *En defensa de la intolerancia*, Madrid: Sequitur. 2008.

玻利维亚的土著人自治[*]

亚伦·奥格斯伯格

美国加州大学（圣克鲁兹）政治系博士生

保罗·哈伯

美国蒙大拿大学政治学系教授

【内容提要】玻利维亚的 1952 年革命爆发后，农村的农民工会组织越来越体制化。为了将土著人转变为农民，国家革命运动党实施了 1953 年土地改革，建立了农民事务部，并将社区组织改为农村联盟。20 世纪 90 年代的多元文化改革，是玻利维亚曾经尝试过的国家转型的重要历史性先例。土著人农民自治也是多元化国家权力下放的一部分。它的目的是通过建立土著人自己的社会和政治组织、代表和权威模式，用自决的方式进行自我管理，重新配置自由民主国家。2009 年，查拉瓜的居民以 56% 的赞成票通过了一项公民表决，开始了成为土著人自治市的进程。2015 年，他们通过了第二次全民公决，成为玻利维亚第一个、也是迄今为止唯一满足土著人自治进程所有要求

---

[*] 原文题为"在多民族的玻利维亚构建土著人自治的可能性与模糊性"。

的土著人自治市。在查拉瓜和其他地方，土著人要求自治的目的不是针对国家，而是针对玻利维亚土著人所处的一种特殊的历史条件。通过要求制宪会议将玻利维亚"重新建立"为一个土著人自治的多民族国家，土著人正在提出他们自己的国家形式。土著人自治代表了一种偏离了传统意义上的反对国家的斗争，但不是一种夺取国家权力的斗争。毫无疑问，土著人自治对实现一个多民族国家来说是至关重要的。土著人自治制度的建立为玻利维亚国家和社会的根本变革创造了可能性。但是，由于土著人自治代表着一场具有多重文化、意识形态和物质含义的社会斗争，因此，它也遭到了一些人的公然反对。需要研究的问题是：土著人要建立一个什么样的国家？能否建立，以及如何建立一个满足土著人诉求的国家？能否建立一个有望解决殖民地时期以来土著人长期遭受历史性歧视和排斥等问题的国家？

2015 年 9 月，位于圣克鲁兹省东部的查拉瓜市通过了一项公民投票，建立了一个土著人农民自治区。这是根据玻利维亚 2009 年宪法建立的第一个自治区。新宪法是 2000 年至 2005 年期间动乱的产物，这一动乱导致埃沃·莫拉莱斯的"争取社会主义运动党"掌权。① 新宪法试图"重建"玻利维亚的国家、社会和经济，并开始正式将国家改名为多民族玻利维亚国。这一宪法的最重要的方面之一是全国各地的土著人市政当局有机会创建自己的自治领土，这是

① 2000 年至 2005 年期间，玻利维亚出现了严重的政治动荡和社会动乱，先后更选五位总统。2005 年 12 月，左翼政党"争取社会主义运动"领袖莫拉莱斯在大选中获胜，成为玻利维亚建国以来首位印第安人总统。——译者注

玻利维亚土著人民的一项历史性要求。

与区域、部门和市政自治形式一样,土著人农民自治也是多元化国家权力下放的一部分。它的目的是通过建立自己的社会和政治组织、代表和权威模式,用自决的方式进行自我管理,重新构建自由民主国家。这与其他自治区的性质不一样。其他自治区的自治基本上是与权力的去中心化这一自由民主进程有关。正如雷加斯基所指出的那样,土著人自治"代表着对民族国家文化同质化形式的挑战……意味着以文化同质性和司法一元论为基本原则的政府类型走向末日。"① 因此,玻利维亚的这种自治是国家转型的一个重要组成部分,查拉瓜是玻利维亚推动这一转型的许多农村土著城市中的第一个。

与此同时,官方的、国家批准的土著人自治建设可能会产生意想不到的后果。查尔斯·黑尔曾指出,土著人自治是一种抵抗的形式,其目标是实施广泛的政治改革,但是,这种改革的引力在减弱,因为它与土著人社区试图抵制的垄断结构越来越纠缠在一起。② 因此,我们要问的是,如何将土著人社区自治这样的基层要求纳入国家的管理机构,以便使土著人社区更容易为国家关注,从而更容易被调控和管理。

詹姆斯·斯科特的"可辨识性"概念为我们所提及的现象类型提供了一个切入点。③ 斯科特认为,所有国家在历史上都曾试图将繁杂和多样化的社会进行简化,以便更容易地理解、操纵和管理它。同样,彼得·米勒和尼古拉·罗斯提到了"政府的理性"。在

---

① Pablo Regalsky, "Political Processes and the Reconfiguration of the state in Bolivia," 37 (3): 35–50 in *Latin American Perspectives*. 2010.

② Charles Hale, "Resistencia Para que? Territory, Autonomy and Neoliberal Entanglements in the 'empty spaces' of Central America," 40 (2): 184–210 in *Economy and Society*. 2011.

③ James Scott, *Seeing Like a State: How Certain Schemes to Improve the Human Condition Have Failed*, in New Haven, CT: Yale University Press. 1998.

这种理性中，某些"目标"被构建，并变得可知，因此，这些"目标"就可以接受干预和监管。① 土著人农民自治既是一个国家转型的过程，也是一个使自治的实践更容易受到政府的理性的影响的过程。我们感兴趣的问题是，这一自治是如何辩证地运作的？

管制社会并确保国家的指令得到遵守，不应被视为国家的唯一作用。国家也是商品和服务的提供者，是社会转型的强大工具。然而，在这两个表面上，截然不同的国家愿景实际上是同一枚硬币的两面。为了使国家提供服务，接受这些服务的团体必须对国家是"可辨识的"。用权力来承认国家的存在，越来越多地涉及由于缺乏国家利益而导致的忽视和边缘化等问题。从可辨别性、认可度和政府的合理性来看，我们认为，国家不仅是一种消极的力量，而且还是一种制度化的社会关系，这种关系在排除其他可能性的同时，提供了某些可能性。

1952年革命后，农村农民工会组织的体制建设以及20世纪90年代的多元文化改革，是玻利维亚曾经尝试过的国家转型的重要历史先例。② 这些尝试最终产生了相互矛盾的结果，因为民众和民主参与社会和政治生活的程度提高后，反而加强了对土著人人口的管制。在土著人市政自治制度化的过程中，将有关查拉瓜的细节都记录下来还为时过早。我们的论点是：鉴于过去变革进程的重要性和辩证性，明智的做法是，在查拉瓜和其他市镇推进这一进程时，以同样的方式去分析和解释土著人的自治制度。

---

① Peter Miller and Nikolas Rose, *Governing the Present: Administering Economic, Social and Personal Life*, Cambridge: Polity. 2008.

② 1952年4月爆发人民武装起义，民族主义革命运动领导人帕斯·埃斯登索罗就任总统。此后，军事政变频繁，政局长期动荡。1983年10月恢复民主政体。——译者注

一、国家是什么？

菲利普·艾布拉姆斯认为，国家是一个独立于社会的实体，是一个难以捉摸的分析对象，就像城镇和家庭一样，是一个社会学关注的虚假对象。① 这一说法有助于构建我们的分析框架。任何试图将国家作为一个在社会之外和社会之上的完全自主的实体来分析的做法，只会导致异化，使我们无法对其转变的可能性作出正确的分析和认识。

首先，我们必须考虑到韦伯对国家的描述，即国家是"人类社会的一种形式，它（成功地）宣称，在特定领土内处于合法使用暴力的垄断地位。"然而，韦伯也认为，"国家代表了一种人与人之间的统治关系。"这种关系的基础是合法使用武力（即被视为合法的武力）。② 韦伯还认为，国家就是一个由一整套基本的意图或偏好构成的社会，与具有独立意识和欲望的个人没有什么太大的差别。普朗扎斯把国家描述成社会力量关系的物质浓缩。他认为，国家应该被视为"一种力量间的关系，更准确地说，国家是阶级和阶级派别间的这种关系的物质凝结，是国家用一种特定的形式表达的关系"。同样，根据加西亚·利内拉的解释，国家是一种为社会力量的相互之间的关系和道德共识设定的制度化机制。换句话说，国家是在社会斗争的过程中形成和确定的，在这一过程中，在特定的地点和时间内，经济和文化生产的社会关系被固定在一种支配和从属的政治

---

① Philip Abrams, "Notes on the Difficulty of Studying the State [1977]," 1 (1): 58 – 89 in *Journal of Historical Sociology.* 1988.

② Max Weber, *The Vocation Lectures*, in David Owen and Tracy B. Strong (eds.), Cambridge, MA: Hackett Publishing Company. 2004.

关系中。①

这并不意味着国家仅仅是支配阶级或霸权集团的工具。当代资本主义国家是一个相对自治的实体，因此，控制它的社会阶级和集团是可变的，而其核心功能则保持不变。换言之，国家或至少是国家机器的一部分有时可以受到大众社会力量的干预。将国家的概念简化为一个用来支配、控制和剥削下属群体的机器，并不能解释国家内部许多明显的矛盾。国家机器的不同部分发生冲突的例子随处可见。最明显的例子也许就是一场推翻民选领导人的军事政变，但在"争取社会主义运动党"掌权下的玻利维亚，我们可以看到，基于本土化和民族主义意识形态愿景上的国家转型，与经济发展战略之间出现了一种矛盾。

我们应该抛弃这样一个印象，即国家是一个完全自主的行为者。我们也需要质疑这样一种观念，即抵抗的力量完全独立于国家的某个人或某个地方。政治主体及其反抗是在我们称之为国家的组织范围内形成的，不是在完全外部的社会空间中形成的。因此，土著人自治的要求不可能超脱国家管辖的范围，而是应该被视为社会力量之间不断变化的一个因素。加尔塞斯认为，那些使莫拉莱斯和"争取社会主义运动党"掌握政权的土著人，希望用一种政治集体的形式，对国家的核心问题表达其立场。② 他们的立场质疑这样一种观点，即国家在其领土上拥有独特而绝对的主权。他们还提出了这样一种可能性，即土著人可以在其领土上建立一种多元的自治，也可以建立一个由土著人和多民族政府共同管理的政府。

---

① García Linera Álvaro, "The state in transition: power bloc and point of bifurcation," 37 (4): 34–47 in *Latin American Perspectives*. 2010.

② Fernando Garcés, "The domestication of indigenous autonomies in Bolivia: from the pact of unity to the new constitution," pp. 46–67 in Nicole Fabricant and Bret Gustafson (eds.), *Remapping Bolivia: Resources, Territory, and Indigeneity in a Plurinational State*. Santa Fe: School for Advanced Research Press. 2011.

正是这种概念化的认识，为查拉瓜人提供了信息，并激发了他们进行地方自治的动员，土著人农民自治被视为这样做的一个可行的工具。从这个意义上说，在查拉瓜和其他地方的土著人要求自治的目的不是针对国家，而是针对玻利维亚土著人所处的一种特殊的历史条件。通过要求制宪会议将玻利维亚"重新建立"为一个土著人自治的多民族国家，土著人正在提出他们自己的国家形式。土著人自治代表了"一种偏离了传统意义上的反对国家的斗争，也不是一种夺取国家权力的斗争。问题是人民将建立什么样的国家，能否建立以及如何建立这种国家，能否建立另一个有望解决殖民地时期以来遭受的历史歧视和排斥的国家。"

从关系视角探讨国家与反抗的相互关系，能使我们重新思考国家与社会之间的划分，并澄清一个看似矛盾的结果，即在实现土著自治的同时，能够将自治市纳入国家监管机构中来。

二、土著人农民自治和查拉瓜的国家转型

2009 年，查拉瓜的居民以 56% 的赞成票通过了一项公民表决，开始了成为土著人自治市的进程。2015 年，他们通过了第二次全民公决，成为玻利维亚第一个、也是迄今为止唯一满足土著人自治进程所有要求的土著人自治市。

根据 2012 年的人口普查数据，查拉瓜的人口估计有 32000 人。查拉瓜是玻利维亚最大的城市，面积 7.4 万平方千米，分为六个区，其中四个区为农村区（查拉瓜北区、查拉瓜南区或帕拉比蒂瓜苏、阿尔托伊索和巴霍伊索），两个区为城市区（查拉瓜普韦布洛和查拉瓜埃斯塔西奥）。在玻利维亚，查拉瓜是民族和语言最多样化的城市之一，67% 的人口认为自己是土著人。到目前为止，查拉瓜最大的族群是瓜拉尼人，但也有一些说盖丘亚语和阿依马拉语的

人（他们是从西部高地向东迁移到查科地区的）。还有少数白人和梅斯蒂索人，当地人称之为卡拉伊（Karai）。他们在 20 世纪后期以前一直统治着市政当局的政治权力机构。门诺人（Mennonites）占总人口的 20%，是一个相当大的少数民族群体。尽管门诺人的经济实力不断增强，对当地市场的影响也越来越大，但他们在政治上仍然是孤立的，因为他们选择不参加投票。

瓜拉尼文化的一个基本要素是根据自己的准则和程序来作出决定。在殖民地时期，瓜拉尼人以自治为名的反抗是十分常见的。1892 年发生库拉由奇大屠杀之后，少数白人遏制了瓜拉尼人的反抗。在那场臭名昭著的大屠杀中，军方出手，杀死了 6000 名瓜拉尼人（当时被称为奇里瓜诺斯人）。有人认为，这场屠杀标志着该地区长期存在的土著人抵抗运动终于结束。最后一场真正的战斗发生在库拉由奇，这是针对卡拉伊人的又一武装斗争。20 世纪六七十年代，瓜拉尼人再次组织起来，反抗卡拉伊人的霸权。1987 年 2 月，查拉瓜成立了"瓜拉尼人大会"，以表达自治的要求。

瓜拉尼人大会代表着玻利维亚瓜拉尼人的利益，由圣克鲁斯省、丘基萨卡省和塔里哈省的 360 多个社区组成。它是玻利维亚土著人民联合会的正式成员，据其中一名创始成员的说法，它是"为了扩大和恢复我们的领土和改善瓜拉尼社区的生活条件而建立的……其宗旨是使卡拉伊人尊重瓜拉尼人"。来自查拉瓜北区的瓜拉尼人大会领导人鲁本·奥尔蒂斯认为，瓜拉尼人的自治就是自我管理以及对领土和经济资源的控制。20 世纪 90 年代，查拉瓜的四个农村区被确定为"原始土地社区"。在这一过程中，瓜拉尼人大会发挥了关键作用。这种"原始土地社区"构成了土著人自治的基础。2009 年，新宪法生效后不久，这四个地区决定推进"土著人自治"项目，其中两个地区（查拉瓜北区和帕拉比蒂瓜苏）一直走在前面。

瓜拉尼人大会一直是推动自治的主要机制性力量，但国家、政府工作人员以及一些非政府组织也在协助这一进程中发挥了重要作用。我们在 2015 年和 2016 年进行的实地调查表明，一些政府官员在与土著人自治有关的技术问题上提供帮助。"争取社会主义运动党"前参议员阿道夫·门多萨在推动"争取社会主义运动党"与瓜拉尼人大会结盟的过程中发挥了重要作用。但是，总的来说，"争取社会主义运动党"在全国各地的土著人自治进程中扮演了一个模棱两可的角色，有时阻碍了土著人自治制度的建设，而有时却提供了必要的支持。这一摇摆不定的支持与它的执政党地位、政治经济导向以及社会力量之间的相互关系有关。以查拉瓜为例，尽管土著人自治项目反对国家在该地区开采碳氢化合物，但"争取社会主义运动党"还是与瓜拉尼人大会结盟，把支持土著人的要求作为一种政治策略，以对抗以圣克鲁斯省为中心的右翼反对派提出的要求。

查拉瓜的土著人自治进程中最重要的两个非政府组织是农民研究和促进中心与阿拉夸伦达中心。农民研究和促进中心是一个全国性组织，由三名耶稣会教士于 1971 年成立，在玻利维亚各地设立了七个办事处。它大力支持土著人农民组织提出的要求。1976 年，它在查拉瓜设立了一个办事处。该机构在保卫和巩固瓜拉尼人领地、废除劳役债务等方面发挥了重要作用。阿拉夸伦达中心最初是一个耶稣会机构，其宗旨是帮助查拉瓜的土著人，致力于消除该地区土著人与白人和梅斯蒂索人之间的社会不平等。成立之初，它是一所技术学校，主要关注教育、农业生产、土地所有制和自治等问题。许多土著人社区领导人参加了阿拉夸伦达中心的教育项目。

不可避免的是，地方社区、国家、政府工作人员和非政府组织之间的这些联系并非没有产生紧张关系和责任关系。毫无疑问，土著人需要中央政府帮助其建立土著人自治机构。但是，"争取社会主义运动党"主导的国家不仅未能支持土著人自治,而且还在某些情况下对它"挖墙脚"。2015 年 10 月,我们参加了一个讨论下一步工作的会议。会上,这种冲突非常明显。当地居民面无表情地听着官员和非政府组织代表的演讲。土著人认为,有必要深入了解法规的技术细节,因此,只有在讨论转向他们认为重要的社区问题时,他们才变得活跃起来。在非正式的谈话中,自治部的官员表达了对当地民众的担忧。这些官员认为,当地人(包括即将参与决策的人)没有认真对待这些法规。但我们的访谈揭示了一系列不同的问题,其中包括:如何从自然资源开采中获得收入,如何更好地分配公共支出。政府关注的是与土著人自治有关的行政程序和法律程序,但地方社区关注的是地方的需求。两者之间的这种紧张关系给土著自治的建设造成了障碍。

此外,由于土著人自治代表着一场具有多重文化、意识形态和物质含义的社会斗争,因此,它也遭到了一些人的公然反对。反对派主要是住在查拉瓜镇的卡拉伊人,他们成立了一个名为"真相和社会民主"的组织。该组织与保守派组织"查拉瓜公民委员会"保持着联系(后者得到了时任圣克鲁斯省省长鲁文·斯塔斯的支持)。阿依马拉人和盖丘亚人中的大部分也表示反对。[①] 说阿依马拉语和盖丘亚语的人是在 20 世纪 50 年代开始大量迁移到查拉瓜的。70 年代,政府支持的农业发展计划"阿瓦波—伊索索格计划"使阿依马拉人和盖丘亚人建立了农村社区。该计划试图鼓励农民迁移到人口稀少的东部低地,以缓解高原地区的贫困和过度拥挤。这些移民还建立了城镇社区。虽然这些社区的居民中有人拥有小块土地和牲畜,但大多数人目前都在从事商业和运输业。在 2009 年的全民公决中,61% 的查拉瓜阿斯塔西翁居民投票反对土著人自治,因

---

① "阿依马拉"(Aymara)又译"艾玛拉"。——译者注

为他们担心这将有利于瓜拉尼人。

2009 年公民投票之后成立的选民代表大会起草了一项法规，确立了土著人农民自治的组织机构及其与国家的关系。成立选民代表大会的初衷是使查拉瓜的各个地区都能参与，但查拉瓜普韦布洛的代表没有参加，查拉瓜埃斯塔西翁的代表只是断断续续地参加。选民代表大会主席雷内·戈麦斯辩称，卡拉伊人选择不参与，是因为他们不想给一个不再由他们主导的新秩序赋予合法性。查拉瓜普韦布洛无人参加，阿依马拉人和盖丘亚人的代表性不大，门诺人自我排斥。这意味着，选民代表大会的组成没有反映出该地区社会行动者的多样性。但是，地方社会力量的袖手旁观及其不断地抵制，并不足以阻止法规的制定。

反对土著人自治的理由有两个：一是公民的普遍投票权会被剥夺；二是查拉瓜享有 100 多年的团结、和谐与社会和平会不复存在。当然，关于过去一个世纪的这种描述，瓜拉尼人的理解完全相反。瓜拉尼人认为，他们的利益和价值观因受到外来的强加而变得毫无意义。大地主们提出的反对意见是，土著人自治将导致私人土地被征用和没收。因此，土著人自治的倡导者试图向土地所有者保证，这种情况不会发生，而且法规里包括了尊重公共和个人土地所有权的内容。

卡拉伊人中的中产阶级专业人士和企业主常常透露出这样一种担忧：那些渴望在土著人自治的新政府中掌权的人缺乏公共政策经验，因此，土著人自治做不到。国际救助儿童组织的一名雇员对土著人自治组织管理的资金的使用提出怀疑，称这其中存在着无能、腐败和裙带关系，但他既不能、也不愿用具体的例子来证实自己的说法。然而，根据阿尔托伊索区负责人安布罗西奥·乔昆迪的说法，尽管反对派没有能力提出一个有说服力的替代方案，但正是在瓜拉尼人大会领导下，瓜拉尼人的团结才使得土著人自治成为现实。

尽管在推动土著人自治的过程中存在困难和社会冲突，但在2015 年 9 月 20 日，土著人自治法仍然以 53% 的得票率获得通过，并将 2017 年 1 月 8 日以前确定为过渡期。土著人自治下的权力组织是以查拉瓜的地域组织为基础的。这四个区域的行政区划与原来的区域相同，决策模型分为三个层次：社区（家庭）、区域和区域间。自治体系的主要创新是建立了一种集体决策机制。每个区域根据自己的规章制度推举一男一女两个代表，参加这一集体决策过程。

与其他土著人社区的自治机构不同的是，查拉瓜土著人的自治机构设置没有确立一个轮流当政的、拥有最高权力的首领，而且，领导人不在不同的社会区划之间轮流"坐庄"。土著人自治法令用分散的权力取代了一个人的大权独揽，以体现市政当局的多样性。例如，第 47 条规定，行政职能分散在六个区，协调员在各区之间轮流担任，而且，这位协调员没有决策权，只能批准和执行自治区政府的决定。

查拉瓜土著人的司法系统将如何根据当地规范和程序运作，尚不得而知。土著人司法是通过口头而不是书面形式来阐述的。然而，土著人农民自治区法律起草委员会主席雷内·戈麦斯认为，他们小心翼翼地避免将土著人司法准则应用在可能会冒犯非瓜拉尼人社区成员的场合。他特别指出，尽管有些查拉瓜人担心瓜拉尼人法律会被强加于他们，但事实并非如此。在四个瓜拉尼区内，如何认定罪行以及如何惩罚犯罪嫌疑人，都是按照当地组织的习惯进行，即由一个机构来决定违法行为是否足够严重，能否由社区的司法部门出面解决。换言之，在大多数情况下，违法行为将在当地处理，但在罪行严重的情况下，他们会将案件移交给国家司法系统。土著人司法要做的是对犯罪行为的受害者、嫌疑人和社区起到补救的作用，这与国家制度形成了鲜明的对比。我们采访的许多土著人认为，国家的司法制度是有问题的，因为它具有惩罚性质。只有通过实践，这两种正义形式之间的关系才会逐渐变得清晰起来。

查拉瓜拥有大量油气资源，与"争取社会主义运动党"政府签订了合同的私营公司正在那里开采。自 2006 年以来，生产油气的市政当局已经收到了 1/4 的直接油气税，这大大增加了市政府的收入。然而，在一些查拉瓜人眼中，这种物质财富是以环境破坏和失去对当地决策的控制权为代价的，因为天然气开采的决定是在不尊重宪法规定的与土著人事先协商的情况下作出的，更不用说执行更严格的事先知情同意的国际标准了。土著人自治区应该如何处理这一问题，在查拉瓜的居民中产生了分歧。新成立的土著人自治区如何处理其与石油公司和"争取社会主义运动党"政府在油气开采方面的分歧，无疑将对查拉瓜的土著人自治在未来如何深入发展产生影响。

三、土著人自治的模糊性

由国家认可和国家管理的土著人自治进程，会通过什么方式来把土著人的需求转化成或"驯化"成一种国家改革？这一国家改革能否深化土著人参与国家事务的机制？能否在不改变国家结构的前提下改变其从属地位？这些问题非常重要，因为 1952 年革命和 20 世纪 90 年代的多元文化改革，使城市工会组织结构向农村扩展，从而使每一个进程都为以前被排除在外的团体增加民主参与政治开辟了途径。

1952 年革命后，为了将土著人转变为农民，国家革命运动党实施了 1953 年土地改革，建立了农民事务部，并将社区组织改为农村联盟。在许多地区，特别是不存在大庄园或未能消灭传统社区组织的地方（如波托西北部），工会基本上是嫁接到现有的土著人社会结构上的。在其他地方，如拉巴斯的部分地区和科恰班巴山谷地区，由于大庄园的扩大，传统的社区组织支离破碎，因此联邦结构更容易建立。正如劳拉·格特科维茨所指出的那样，早在1952年国家革命运动党的胜利之前，农民就已经在高地和山谷地区组织起来，并在推动这场革命中发挥了重要作用。根据格特科维茨的说法，这是"革命之前的革命"。但她也指出，在革命之后，"国家革命运动党和它的外部组织在农村工会和民兵组织的形成中发挥了重要作用。1952年后，该党的代理人几乎被派往全国各地"①。国家革命运动党以一种自上而下的职团主义方式参与了这些社区组织的扩张。②

在东部地区，土地改革未能改变社会生产关系，反而加深了土地分配的不平等，农业基本上仍然是半封建的。人们普遍认为，1953年的改革没有在东部地区实施，但也有一些学者认为，虽然东部地区的改革方式不同，但也产生了重要影响。例如，改革促成了一种新的大庄园结构的出现，并创造了一个新的农村精英阶层，甚至为20世纪70年代以来的农工资本主义的发展奠定了基础。

国家革命运动党试图通过改变现有的土地所有制和生产关系来实现农村的"现代化"。它还设法将土著农民纳入国家关系中来。因此，国家革命运动党没有保留大庄园制之前安第斯农村的各种公社土地制度和生产方式，而是试图将这些社区重新组织成一个具有等级制特点和职团主义特点的农村联盟。这些联盟重视大庄园制度统治下农村人民的不满，并试图改变土著人的社会组织形式。这一

---

① Laura Gotkowitz, *A Revolution for Our Rights: Indigenous Struggles for Land and Justice in Bolivia, 1880–1952*. Durham, NC: Duke University Press. 2007.

② 职团主义（又称合作主义、法团主义和社团主义）是一种利益代表制度，也是各个利益集团开展博弈的政治博弈形式。它于19世纪中叶出现在欧洲，20世纪初传入拉美，第一次世界大战后在拉美获得了引人注目的快速发展。——译者注

改变使国家更容易与社区进行互动以及实施土地改革，但同时也加强了国家的指导和管理能力。

如同在拉美的其他地方，20世纪90年代玻利维亚的多元文化改革是为了满足土著人民提出的承认其领土和文化权利的要求，但这一改革却巧妙地绕过了经济再分配问题。1993年推出的"为了所有人的计划"是一种宪法改革。这一改革承认玻利维亚社会的多民族和多元文化特征，并将土著人民的某些权利编入法典。但是，改革的实施既充满矛盾，又效果有限。例如，虽然1996年的《土地改革法》为保护土著人土地作出了某些规定，但它也试图通过增加产权和土地税来建立一个"有效"的土地市场。因此，虽然改革为土著人社区申请公社土地所有权开辟了道路，但在实践中，限制却很多。一方面，获取土地所有权的过程复杂、昂贵、官僚程序且十分缓慢。例如，在实施改革的前10年里，只有11.7%的土地获得了土地权，14.9%的土地在审批过程中，73.3%的土地甚至还没有被勘察。另一方面，公社土地所有权排除了对地下资源开采的权利，这对采矿特许权和石油勘探具有重要的意义。总的来说，土地改革改变了平衡，从推崇土地的社会价值转变为推崇在市场上体现的个人财产权。

研究上述两个案例的目的并不是要说明，与玻利维亚社会格格不入的那些"传统的"土著人关系领域，已被"现代化"的国家推出的新型资本主义市场逻辑取代，而是要说明，至少在理论上，改革为激进的社会变革提供了一种可能，这样的改革可能会强化政府的理性。

在多民族的玻利维亚，土著人自治是否也有类似的经历？以下三种改革（即国家革命运动党把农村人口组织起来、20世纪90年代开展的多元文化改革，以及"争取社会主义运动党"领导的土著人自治建设）无疑是完全不同的。前两个主要是自上而下的过程，是对土著人和农民的不满作出的回应，而土著人要求自治的呼声，则来自土著人社区的基层。自己用集体的冲动来打破封建枷锁是一回事，而当他们通过一种垂直的行为、通过某种不是自发的东西来释放这一冲动时，则是另一回事。外来自由只能产生形式上的自由。

玻利维亚的 11 个自治区制定自治法规的过程严重依赖于政府官僚、律师和顾问的技术能力和专业知识。这种对"技术人员"的依赖，会制约土著人自治的改良性潜力，使改革流于形式。因此，我们需要认识到，为扩大土著人自治和自决而实施的国家转型和去殖民化，可能会强化国家的权力，使土著人社区更容易屈服于"政府的理性"。如同在中美洲国家，玻利维亚把土著人自治当作推动激进的社会变革和政治改革的必由之路，但是，这一自主却与它试图抵制的垄断结构纠缠在一起。

四、结论

本文概述了在玻利维亚建立官方认可的土著人自治的可能性和模糊性。我们认为，土著人自治对实现一个多民族国家来说是至关重要的。土著人自治制度的建立为玻利维亚国家和社会的根本变革创造了可能性，这是 2000—2005 年爆发社会动荡的一个诱因。这场社会动荡促使埃沃·莫拉莱斯和"争取社会主义运动党"上台执政。在建立土著人自治的过程中，查拉瓜人创造了新的物质结构、意识形态结构和制度结构。这些结构可能会改变土著人长期蒙受的受剥削和被排斥的历史社会政治关系。然而，土著人自治并非独立于国家之外，而是与这样一种关系视角有关：社会力量对国家机构和社会之间的关系有着不同的看法，国家是各种社会力量不断博弈的重要场所。在 2000—2005 年的动荡时期，一些行为者表达了激进的自治要求，但是，法律上的改革仅仅允许土著人用一种新的方式表达其自治的要求。从关系视角分析国家的作用，有助于我们理解实现土著自治的看似矛盾的结果，同时也有助于将土著自治市纳入国家的管理机构中来。

（原文载《拉丁美洲透视》杂志2018年第6期）

译后记

　　为使译文最大限度地达到信达雅，我在翻译过程中不时请教本书编者罗纳德·H. 奇尔科特和委内瑞拉东方大学教授、《拉丁美洲透视》杂志副主编史蒂夫·埃尔纳。我还设法通过电子邮件，与我能找得到的作者取得联系，请他们解答我的问题。非常感谢他们的帮助。

　　我在翻译的过程中还经常性地请教多位国内学者，并请他们以第一读者的身份对译文提出批评意见。我的多位学生也为我提供了许多帮助。我当不胜感激之至。

　　本书根据英文稿译出，其中有多篇稿子是从西班牙语译为英语的。这一转译使有些句子的表达晦涩难懂。遇到这样的句子，我只能采用意译。

　　为了帮助读者理解本书，我尽可能地加上了一些"译者注"。

江时学

2021 年中秋节